Cornelia Nitsch

Der kleine Wüterich

Spiele und praktischer Rat gegen Aggression und schlechte Laune

Mosaik

INHALT

Einführung

Ein Kind, das zornig schreit, das wie ein Rumpelstilzchen tobt und wütend, knallrot im Gesicht, mit den Füßen auf den Boden stampft – immer wieder werden Eltern im täglichen Leben mit solchen Situationen konfrontiert.

Menschen, egal ob klein oder groß, die zu besonders intensiven Wutausbrüchen neigen, nehmen Empfindungen wie Freude und Schmerz, Trauer und Wut meist besonders intensiv wahr. Schon kleine Ärgernisse können sie aus dem Lot bringen und bis zur Weißglut reizen.

Mütter und Väter wissen heute, dass solche Wutausbrüche in der Regel nicht von gestörtem Verhalten zeugen, sondern mit zur Entwicklung eines heranwachsenden Kindes gehören: Für den kleinen Schreihals sind Wutanfälle eine wichtige Selbsterfahrung. Sie bieten ihm nicht nur ein Ventil für seinen Frust, sondern er testet dabei unbewusst auch sein Durchsetzungsvermögen, testet seine Grenzen aus. Was kann ich bewirken? Wie reagieren andere auf meine Attacken? Wie weit kann ich gehen?

Allen besseren Wissens zum Trotz stehen Erwachsene dennoch ziemlich fassungslos vor solch einem Wüterich, der in seinem Zorn mit aller Kraft auf den kleinen Bruder einschlägt, wütend seine Eltern beschimpft oder vor Verzweiflung einfach die Luft anhält. Längst wissen sie aus Erfahrung, wie nutzlos es ist, ein wütendes Kind zur Vernunft bringen zu wollen. Es ist viel zu aufgeregt, um jetzt Einsicht zu zeigen. Viele Eltern machen sich Sorgen, wenn ihr Kind ausflippt: Wie viel Wut ist eigentlich noch ganz normal, wann ist das Maß voll? Warum gerät mein Kind derart in Rage, und was hilft, wenn mein Sohn, meine Tochter aus der Haut fährt? Wie können wir solch ein Bündel Wut bändigen und wieder zur Ruhe bringen?

In der Regel haben Erwachsene ihre Probleme damit, auf die Wut- und Verzweiflungsattacken ihrer Sprösslinge einigermaßen gelassen zu reagieren und geduldig abzuwarten, bis sich die Wogen von alleine wieder glätten. Oft lassen sie sich anstecken von der Wut. Es fällt ihnen schwer, jetzt sachlich zu bleiben, klare Grenzen zu setzen und unmissverständlich und deutlich »Halt! So geht's nicht weiter!« zu sagen. Die meisten Eltern wollen sogleich aktiv werden, den Wutausbruch stoppen. Nur wie?

In diesem Buch finden Eltern viele Informationen zu den Themen Trotz, Jähzorn und Aggressionen, vor allem jedoch praktische Tipps, wie sie einem Kind helfen können, wenn es in Wut und Verzweiflung gerät. Dazu werden viele Spiele für drinnen und draußen – bei jedem Wetter – und für jede Altersstufe angeboten, die helfen können, einen Wüterich von seinem Zorn abzulenken, oder aber ihm eine Möglichkeit bieten, seine aggressiven Kräfte auf verträglichere Art und Weise auszuleben. Zahlreiche weitere Übungen zeigen, wie aufgebrachte Kinder wieder zur Ruhe gebracht werden und innere Ausgeglichenheit finden können.

DER KLEINE WÜTERICH

Die Wut hat viele Gesichter

Zornig mit den Füßen aufstampfen, mit Schimpfwörtern um sich werfen, wie Rumpelstilzchen durch die Gegend hüpfen, sich auf den Boden schmeißen, den kleinen Bruder vermöbeln, wüste Kämpfe austragen – wenn Kinder ihrer Gereiztheit und Wut Luft machen, lehren sie ihre Eltern das Fürchten. Erstaunlich und beunruhigend, wie verletzend die lieben Kleinen sein können und wie hartnäckig in ihrer Wut, wenn sie ihren Kopf unbedingt durchsetzen wollen, dabei aber an Grenzen stoßen. Rücksicht nehmen auf die Gefühle anderer? Das zählt nicht in Momenten heller Wut und Aufregung. Wann kocht die Wut über?

Stress, Ärger und Frust – wann fahren Kinder aus der Haut?

Wenn die Dinge des Lebens nicht so laufen wollen, wie sie laufen sollten, stellt sich Frust ein. Jeder kennt solche Situationen: Wünsche gehen nicht in Erfüllung. Widerstand tut sich auf, Verluste und Enttäuschungen sind zu verkraften. Man fühlt sich angegriffen, nicht anerkannt, ungerecht behandelt oder ausgegrenzt. Der Frust wächst, jede Menge Ärger sammelt sich an. In tiefster Seele verletzt, können Kinder auf Kränkungen, Versagungen und Überforderungen sehr empfindlich reagieren. Lässt dann irgendwann der berühmte Tropfen das Fass überlaufen, können Frust und Ärger in blanke Wut umschlagen – vor allem bei leicht erregbaren Gemütern.

Wenn sich Ärger anstaut, schlägt er manchmal in blanke Wut um – oft bei ganz nichtigem Anlass

8

Nicht die Wut sollte im Vordergrund der Betrachtung stehen, sondern die Probleme, die einen Wutanfall verursachen. Sie müssen aus der Welt geschafft werden

Wohin mit der Wut, die Kinder so oft überkommt? Wie damit umgehen? Sollen sie die Wut herauslassen oder sich schon früh in der Kunst der Selbstbeherrschung üben, die Gefühle mit Verstand und Vernunft steuern? Erwachsene haben meist so einigermaßen gelernt, mit ihren Gefühlen und Spannungen umzugehen, Wut gar nicht erst hochkommen zu lassen oder sie zu zügeln. Sie wissen: Der Anlass, der uns wütend macht, sollte uns beschäftigen. Ihn auszuräumen ist die Aufgabe, die zu bewältigen ist. Gelingt das, gibt sich auch die Wut. Wenn wir also herausfinden, warum wir wann explodieren, geht es uns oft schon ein Stück besser.

Ein Kind hat diesen Lernprozess noch vor sich, lernt erst Schritt für Schritt, nach dem Grund seines Ärgers und seiner Verzweiflung zu fragen. Dieser Lernprozess erfordert Zeit und manchmal auch Unterstützung durch Erwachsene.

Jeder hat seine eigene Art, wütend zu werden

Gefühle sind auch Gemütssache. Sie sind keine feste Größe, sondern verändern sich laufend – je nach Lebens- und Seelenlage. Jeder empfindet das, was er erlebt, auf seine eigene Art – anders als seine Mitmenschen.

Wie ein Kind auf Frust und Ärger reagiert, ist nicht nur Ausdruck seiner augenblicklichen Befindlichkeit, sondern möglicherweise auch angeborenes Verhalten. Wer schon als Baby schnell auf Hundert war, gereizt und nervös auf jede Störung reagierte und sich nur schwer wieder beruhigen ließ, ist wahrscheinlich auch noch als Kindergarten- und Schulkind leicht aus der Fassung zu bringen und gerät schnell in Rage.

Wutanfälle sind also auch Temperamentssache. Manche lassen sich schon bei kleinsten Störungen aus dem inneren Gleichgewicht bringen und geraten total aus dem Häuschen, andere sind

wesentlich langmütiger, stecken Frust und Ärger weg statt gleich auszuflippen. Ein »schwieriges« Temperament ist aber immer nur Verstärker des Ärgers und der Wut, nie Ursache des Übels.

➤ Der sechsjährige Jonas verzieht keine Miene, wenn ihn sein kleiner Bruder permanent bei den Hausaufgaben stört. Die gleichaltrige Suse schäumt dagegen gleich vor Wut, wenn sie beim Arbeiten von ihren Geschwistern gestört wird, und keift empört: »Könnt ihr mich nicht ein Mal in Ruhe lassen!«

➤ Die siebenjährige Tilly hat superschlechte Laune, weil sie sich über ihren Lehrer ärgert, der die Jungen in der Klasse vorzieht und besser benotet. Sie lässt ihren Ärger an ihrer jüngeren Schwester aus und piesackt sie nach Strich und Faden. Tillys Freundin Carla bleibt dagegen ganz cool: »Vergiss es«, sagt sie. »Ist doch nicht so wichtig!«

Aber auch die Aufgeregten, die sich leicht in wüste, wütende Kämpfe verstricken, zeigen ihren Ärger jeweils auf ganz eigene Art und Weise. Selbst bei kleinen Menschen hat die Wut schon erstaunlich unterschiedliche Gesichter:

Gerät der eine schon bei kleinen Misslichkeiten in helle Aufregung und schäumt vor Wut, bleibt der andere bei einem vergleichbaren Ärgernis gelassen

➤ Zappelig vor Aufregung, mit blitzenden Augen und geballten Fäusten steht der vierjährige Nino vor seinem älteren Bruder und weiß nicht, wohin mit seinem Ärger. Stinksauer ist er, weil der Große ihm sein Lieblingsauto weggenommen hat. Er brüllt lauthals und kreischt immer wieder: »Gib mir sofort mein Auto zurück!« Sein Bruder sagt keinen Pieps dazu, fackelt nicht lange und tritt Nino gezielt und sehr kräftig gegen das Schienbein.

➤ Mieser Stimmung tigert der sechsjährige Kaspar durch die Wohnung. Keine Lust zum Fernsehen. Keine Lust zum Kassette hören. Keine Lust auf gar nichts. Nichts will heute gelingen, nichts richtig Freude machen – es gibt solche Tage. Wütend auf die ganze Welt, wütend auf sich selbst, mault der Muffkopf : »Und Hausaufgaben soll ich auch noch machen«.
Wütend beginnt Kaspar den Küchentisch mit Fußtritten zu traktieren und anschließend trommelt er auf die Tischplatte. Seine Schwester ist von ganz anderem Kaliber. Wenn sie schlechte Laune hat, beginnt sie Streit mit jedem, der ihren Weg kreuzt.

➤ Die siebenjährige Moni fühlt sich ausgebootet. Ihre Freundin will am Samstag ins Kino gehen, aber nicht mit ihr, sondern mit zwei anderen Freundinnen. Verbissen nagt Moni an ihren Fingernägeln und zieht sich in ihr Zimmer zurück: Vorhänge zu, Bettdecke über den Kopf. Monis Schwester würde völlig anders reagieren: Sie würde toben und der Freundin am Telefon in einer vergleichbaren Situation ordentlich den Kopf waschen: »Das kannst du doch nicht mit mir machen! So lasse ich mich nicht behandeln!«

Was wie Wutgeschrei klingt, ist manchmal reiner Spaß

Sie boxen sich und treten sich, sie kämpfen verbissen und kreischen – noch zum Vergnügen oder schon aus Ärger? Erwachsene tun sich oft schwer damit, Kinder klar einzuschätzen.

➤ Der sechsjährige Jens stellt seinem Freund Nicki ein Bein, rammt ihm einen Ellenbogen in die Seite. Nicki krallt sich an Jens' Anorak fest und brüllt dabei lauthals. Nur eine harmlose Balgerei oder schießen die beiden schon übers Ziel hinaus? Jens' Mutter bleibt gelassen, sieht keinen Grund einzugreifen, Nickis Mutter ruft den Sohn zur Ordnung: »Du kannst doch nicht einfach so loswüten!«

Manchen Müttern (seltener auch Vätern) mangelt es oft am rechten Verständnis, wenn sie ihren kleinen, wilden Jungen bei ihren Tobespielen zuschauen. Lebhaftes Kräftemessen ist für sie meist kein Spiel mehr, sondern übles Fighten. Was Mütter bereits als Wutanfall bewerten, ist aus der Sicht kleiner Rabauken häufig die reine Lust am Raufen – eben keine übersteigerte Aggressivität. Die besonders

Sind Jungen aggressiver als Mädchen?

Jungen sind aggressiver als Mädchen, wird behauptet. Sie testen ihre Kräfte aus, indem sie sich austoben – vor allem in der Pubertät wird das sichtbar. Weil dieses Verhalten in allen Kulturen zu beobachten ist, glauben nicht wenige Psychologen, dass biologische, vor allem hormonelle Faktoren diesen Unterschied bewirken.

Andere Experten sehen den Einfluss sozialer Faktoren an erster Stelle: Mädchen werden in den meisten Kulturen anders erzogen als Jungen. Von ihnen wird oft auch heute noch erwartet, dass sie eher still und angepasst, sanftmütig und rücksichtsvoll sind, während Jungen die Muskeln spielen lassen dürfen – wenn sie ausrasten und wüst herumpöbeln, gilt das vielen immer noch als Zeichen von Männlichkeit. Mädchen reden lieber, wenn sie frustriert sind, ziehen sich zurück oder investieren ihre Kräfte in Leistung und Körperkult. Neuere Untersuchungen weisen allerdings darauf hin, dass Mädchen in puncto Aggressivität aufholen. Nicht wenige Schulhof-Rambos sind heute weiblichen Geschlechts. Diese Entwicklung spricht dafür, dass die Erziehung entscheidenden Einfluss nimmt.

Das Raufen ist eher die Domäne der Jungen, Mädchen haben in der Regel kaum Freude an Rangeleien

12

Jungen kämp-
fen gerne mit
aller Kraft und
vollem Körper-
einsatz um die
Erfüllung ihrer
Bedürfnisse.
Können sie sich
durchsetzen,
fühlen sie sich
stark und
selbstsicher

empfindsamen Gemüter unter den Erwachsenen haben oft ihre Probleme damit, hier zu folgen. Wenn sie den Kämpfen und dem Geschrei ein Ende machen möchten, bekommen sie von ihren Söhnen zu hören: »Wir spielen doch nur!«. Selbst wenn dabei die Fetzen fliegen und das Treiben aus Erwachsenensicht vielleicht wie eine wütende Rauferei wirkt, bleibt das Gekabbel oft dennoch Spiel, denn für die Beteiligten ist ganz klar: Wer sich auf das Kräftemessen einlässt, hat das Knuffen und Puffen klaglos wegzustecken. Kein Problem für die meisten Kämpfer, solange das Spiel Spiel bleibt und nicht Ernst daraus wird. Die Grenze zwischen Spaß und Ernst kennen die meisten Jungen genau, auch wenn sich die Erwachsenen das oft nicht vorstellen können.

Rangeleien – auch eine Möglichkeit, Kontakt aufzunehmen

Ich greife einen Gleichaltrigen spielerisch an, ich schleiche mich an ihn heran, kreische wie ein Affe und klammere mich an seinem Arm fest – Rangeleien bedeuten auch: Ich suche Nähe. Manchem Kind fällt es leichter, auf solch rüde Art und Weise Kontakt aufzunehmen. Nicht mit Worten, sondern mit lautem Getöse und seinem ganzen Körper signalisiert es: Hier bin ich. Ich bin an dir interessiert. Auf einen anderen zugehen, ihn vorsichtig ansprechen, fällt mitunter viel schwerer, als über Körperkontakt und mit lautstarkem Geschrei auszudrücken: Ich will etwas von dir!

Aggression – ein angeborener Trieb

Spielerische Rangeleien unter kleinen Kämpfern kippen oft um. Plötzlich wird aus dem übermütigen Raufen bitterer Ernst, aus dem Kräftemessen eine wütende, wilde Schlägerei. Woher nehmen Kinder diese unbändige Kraft?

Ich habe Aggressionen heißt: Ich füge anderen oder mir selbst Schaden zu oder zerstöre mutwillig Dinge. Ich schimpfe, meckere, schreie, tobe, spotte oder schlage, trete, beiße, spucke. Aggression ist ein angeborener Trieb, der sich nicht einfach unterdrücken und wegerziehen lässt – auch wenn das im Sinne vieler Eltern wäre. Seine Aggressivität ermöglichte es dem Menschen einst zu überleben. Dieses Verhalten ist ihm geblieben. Der Aggressionstrieb wird durch Hormone gesteuert. Mal dient er der Verteidigung des eigenen Terrains, mal ist er auf Angriff ausgerichtet, um ein gesetztes Ziel zu erreichen. Die meisten Eltern freuen sich, wenn ihre Kinder temperamentvoll und aktiv sind, wenn sie, vor Lebenskraft strotzend, darauf aus sind, das zu erreichen, was sie sich vorgenommen haben.

Wenn sie allerdings zu stürmisch losstürzen – wie Jäger, die gierig auf Beute aus sind –, wenn sie rücksichtslos von ihren Ellenbogen Gebrauch machen, dann ecken sie an: Trieb hin oder her – zu intensiv sollten Kinder ihre Aggressionen nicht ausleben. Auf andere und anderes ist Rücksicht zu nehmen. Zurecht machen sich Eltern Sorgen, wenn ihr Kind diese Regeln missachtet und greifen ein, wenn eine harmlose, spielerische Rangelei in eine handfeste Schlägerei ausartet.

13

Kontaktaufnahme mit Hilfe von Rangeleien – für Kinder ganz »normal«. Mitunter fällt das leichter als mit Worten

Wenn aus Spiel Ernst wird ...

Dass sie schnell ans Ziel ihrer Wünsche gelangen können, wenn sie andere schubsen, stoßen, boxen, schlagen, in lautes Kampf-geschrei verfallen und einen gezielten Hieb, einen nachdrück-lichen Tritt mehr einsetzen als bei einer harmlosen Rauferei, merken kleine Kinder frühzeitig. Gleichzeitig wissen sie genau: Ein wuchtiger Stoß oder einmal Haare ausreißen ist wahrlich kein Vergnügen für den andern, sondern bereitet in jedem Falle Schmerzen.

Viele müssen erst mühsam lernen, dass wilde Kämpfe nicht das Wahre sind, weil andere darunter zu leiden haben. Die zarteren,

Kinder brau-
chen Freiraum,
um zu lernen,
ihre Kraft
und Energie
sinnvoll ein-
zusetzen

empfindsameren Wesen lernen diese Lektion eher als robustere Raubeine, die Gefallen an ihrer Kraft finden und längst spitz bekommen haben, dass sie damit ein Machtmittel besitzen.

In ruhigeren Zeiten, wenn die Dinge des Lebens so laufen, wie man es gerne möchte, fällt es leichter, die eigenen Kräfte und Energien konstruktiv zu nutzen, als in turbulenten. Geraten gestresste Kinder in Bedrängnis, fühlen sich viele überfordert und flippen aus. Gelassen und ruhig zu bleiben, selbst wenn man unter Druck gerät und unter Spannung steht, die eigenen Kräfte dann zu zügeln und nicht in blinde, destruktive Wut zu geraten, fällt mitunter schwer.

Heute oft beklagt: die übergroße Aggressivität bei Kindern

Kleinen Kindern fällt es schwer, ihre eigenen aggressiven Kräfte zu zügeln – natürlich erst recht, wenn ihre Eltern diesen Lernprozess nicht unterstützen. Und erstaunlicherweise tolerieren heute nicht wenige Erwachsene aggressives Verhalten von Kindern – selbst wenn es in gröbere Keilereien ausartet.

Viele Eltern, aber auch Erzieher und Lehrer sehen diese Tendenz mit Sorge. Das schlechte, aggressive Klima in unseren Kindergärten und Schulen macht ihnen zu schaffen. Sie monieren, dass viele Kinder heute ihre Lektionen in sozialem Verhalten nicht mehr lernen, und berichten: Ihnen platzt alle naselang der Kragen. Aufmüpfig und geladen, schlagen sie selbst bei kleinen Auseinandersetzungen gleich um sich und rasen vor Wut. Sie wollen oder können keine Rücksicht nehmen auf die Belange anderer. Nur die eigenen Gefühle und Bedürfnisse zählen, andere werden nicht gesehen. Dafür fehlt ihnen oft sowohl das nötige Einfühlungsvermögen als auch das rechte Interesse.

Nicht wenige Erwachsene sehen in Kindern heute kleine Monster, die ihre Aggressionen nicht zum eigenen Besten nutzen, sondern vor allem auf zerstörerische Weise ausleben, die schon bei

Wutanfälle, überbordende Aggressionen sind heute Dauerthema in der Familie, im Kindergarten, in der Schule

geringstem Anlass in heillose Wut geraten, um sich schlagen, beißen und bei ihren Attacken weit über ein verträgliches Maß hi-
nausgehen. Sie verlieren schon bei geringen Belastungen die Fassung, heißt es, und schlagen hart zu, wenn nicht alles so läuft, wie
sie es gerne möchten.

Immer mehr Eltern, Erzieher, Lehrer versuchen gegenzusteuern,
den Kindern Grenzen zu setzen und ihnen die Regeln sozialen Ver-
haltens zu vermitteln. Die Heranwachsenden sollen lernen, sich
auf andere einzustellen und mit den eigenen Kräften sinnvoll zu
haushalten, die eigenen Gefühle zwar wahrzunehmen und auszuleben, aber nicht auf Kosten anderer. Oft kämpfen sie auf verlore-
nem Posten. Vielen Kindern mangelt es an der Einsicht, dass auch
andere Rechte haben und Rücksichtnahme darauf angebracht ist.

Manchmal sind die Eltern Ziel von Wut und Enttäuschung

Energien suchen sich ein Ventil. Manchem Kind kommt Mutter
oder Vater gerade recht, wenn es aufgebracht ist. Erst bekommt
der Papa von seinem Filius »blöder Papa« zu hören, dann wird
die Mama als »dusselige Kuh« bezeichnet. Kleine Kinder greifen
ihre Eltern nicht selten mit Schimpfwörtern oder sogar Schlägen
an – meist nicht, um sie zu verletzen, sondern um Dampf abzulassen, um den Druck abzureagieren, unter dem sie stehen. Solche
Attacken sind also weniger Unverschämtheiten – »was nimmt sich
das Kerlchen bloß heraus?« –, sondern häufiger ein Notsignal,
das bedeutet: Mir geht's nicht gut. Ich komme nicht klar.

➤ Marc ist stocksauer auf seinen Vater. Wild haut er auf ihn ein und brüllt:
»Du kannst gleich gehen, du blöder Affe!« Der Grund für Marcs Verzweiflung: X-mal hat der Vater schon versprochen, Marc auf den Fußballplatz
zu begleiten. Immer wieder wurde das Unternehmen verschoben. Jetzt
hat Marc die Nase voll. Wütend versucht er sich zu wehren.

Überaggressive Kinder:
Die anderen sind Feinde

Ungewöhnlich aggressive Kinder nehmen ihre Umwelt anders wahr als ihre Mitmenschen und deuten das Verhalten anderer auf besondere Weise, haben wissenschaftliche Untersuchungen ergeben. Sie wittern schnell Feindseligkeit und böse Absichten, ärgern sich entsprechend und schon platzt ihnen der Kragen – wo sanftere Gemüter völlig gelassen bleiben und die Wut nicht nachvollziehen können, mit der sie konfrontiert werden: »Wieso rastest du aus – es gibt doch gar keinen Grund, wütend zu werden?«

Die Folge: Weil überaus aggressive Kinder diese negative Sichtweise der Welt haben und entsprechend schnell ausrasten, werden sie von denen, die diese Haltung nicht nachvollziehen können, abgestempelt als die ewigen Störenfriede und allmählich ausgegrenzt. Damit verstärkt sich die Spirale: Den verunsicherten Kindern platzt immer häufiger bei immer geringerem Anlass der Kragen.

> »Was du nicht willst, dass man dir tu', das füg auch keinem andern zu« – dieser Leitspruch vieler Generationen hat an Bedeutung verloren, beklagen heute Eltern, Erzieher und Lehrer

Selbstzerstörerische Aggressionen

Andere Kinder – und das ist nicht weniger beunruhigend – ziehen sich immer mehr in sich zurück, wenn sie Kummer haben. Sie zeigen ihre Gefühle nicht und auch nicht, dass sie angespannt sind, verdrängen ihren Ärger oder Kummer, wissen kaum noch, dass Kräfte und welche Kräfte in ihnen stecken. Manchmal sind sie nur noch brav und still und entsprechen damit den Vorstellungen vieler Erwachsener, die oft gar nicht merken, dass diesen überangepassten Wesen ihre Energien langsam abhanden kommen, dass sie immer passiver werden.

Werden die Gefühle stets unterdrückt, die eigenen Energien kaum noch angezapft, suchen sie sich oft einen anderen Ausweg: Dann macht sich mitunter ein diffuses Unwohlsein bemerkbar.

Haarbüschel ausreißen, Fingernägel beißen – auto-aggressive Störungen bedeuten oft: Ich stehe unter Hochspannung, schade nicht anderen, sondern mir selbst

Kopf- oder Bauchschmerzen mehren sich oder große Lustlosig-keit breitet sich aus. Manche Kinder verletzen sich selbst in ihrer Verzweiflung und ihrem Kummer: Sie beißen ihre Nägel bis zum Nagelbett ab, um dem Druck zu entfliehen, unter dem sie stehen, reißen sich büschelweise die Haare aus. Oder sie leiden unter Schlafstörungen.

Häufige Wutanfälle – oft ein Alarmsignal

Ein Übermaß an Aggressivität ist ein Alarmzeichen. Fügt ein Kind anderen und sich selbst immer wieder Schaden zu, ist das meist ein sicherer Hinweis darauf, dass es keinen festen Boden unter den Füßen hat, orientierungslos ist und unter mangelndem Selbstwertgefühl leidet. Häufiger Grund dafür:

➤ Angst,
➤ Eifersucht,
➤ zu nachlässige oder zu strenge Erziehung,
➤ Mangel an Liebe und Zuwendung,
➤ übergroße Verwöhnung.

Kinder schreien und brüllen nicht vor Wut, sind nicht aufmüpfig und überaggressiv, um andere zu verletzen, sondern in der Regel, um sich selbst Luft zu verschaffen, wenn sie sich überfordert fühlen und ihr Leben eine Richtung nimmt, die ihnen fremd ist und mit der sie sich nicht identifizieren können .

Unzufriedenheit – der zündende Funke

Wut und Verzweiflung entzünden sich nicht nur, wenn ein Kind mit anderen im Clinch liegt, sondern auch und viel häufiger, wenn es mit sich selbst in Hader liegt. Bleibt diese Unzufriedenheit über einen längeren Zeitraum bestehen, staut sich eine Menge Frust an. Das Kind gerät unter Druck und explodiert schließlich. Oft ist dann eine Kleinigkeit der Auslöser.

Wenn Kinder unter Hochspannung stehen, kommt es leicht zur Explosion. Die Spannung lässt kurzfristig nach, wenn Dampf abgelassen wird

➤ Der vierjährige Jan hat schlecht geschlafen. Nach dem Frühstück spielt er versonnen mit Bauklötzen und Schiffchen auf dem Teppich. »Keine Zeit jetzt zum Spielen!«, mahnt seine Mutter, »wir müssen uns trollen, damit wir rechtzeitig im Kindergarten sind! Der Bus kommt in ein paar Minuten!« Jan weiß genau, dass morgens Eile angesagt ist: Seine Mutter muss pünktlich im Büro sein und ihn vorher noch im Kindergarten abliefern. Trotz besseren Wissens denkt Jan nicht daran, sein Spiel abzubrechen. Er mag sich nicht beeilen – heute schon gar nicht. Als seine Mutter drängelt: »Nun komm schon!«, rastet Jan aus, wirft wütend mit Bauklötzen nach ihr, feuert seinen Anorak in die Ecke und schmeißt sich schließlich kreischend und um sich tretend auf den Boden.

Gründe, warum ein Kind plötzlich ausrastet, gibt es in Hülle und Fülle – zum Beispiel:
➤ Es ist morgens mit dem linken Bein zuerst aufgestanden, und seitdem will nichts richtig gelingen: Der ganze Tag läuft einfach schief.
➤ Es kommt nicht zu dem, was es sich in den Kopf gesetzt hat, oder bestimmte Wünsche wollen nicht in Erfüllung gehen.

➤ Es wird von den Erwachsenen kaum wahrgenommen.

➤ Es fühlt sich ungerecht behandelt.

➤ Es steht unter starkem Druck. Dauernd ist es gezwungen, die Erwartungen der Erwachsenen zu erfüllen.

➤ Es fühlt sich zurückgesetzt.

Folge: Die Laune ist im Keller. Wenn jetzt noch einer quer schießt, entzündet sich der Funke: Die Wut lodert hoch und das Kind lässt sich nur noch schwer beruhigen.

Auch in puncto Aggressivität sind Eltern ein Vorbild. Geraten sie leicht in Wut, rasten sie bei jedem kleinen Konflikt gleich aus oder strafen ihre Kinder durch Schläge, dann neigen diese nicht selten ebenfalls verstärkt zu aggressivem Verhalten.

Was macht Kinder wütend?

Weitere Anlässe, warum sich Ärger und Frust ansammeln. Ein Kind spürt immer wieder über einen längeren Zeitlauf:

➤ Ich fühle mich unwohl, weil ich von den Menschen, an denen mir liegt, zu wenig Beachtung und Zärtlichkeit erfahre.

➤ Ich komme nicht zu dem, was ich will. Meine Bedürfnisse bleiben auf der Strecke.

➤ Ich bin fürchterlich genervt, fühle mich überfordert.

➤ Ich werde beleidigt, andere gehen unsanft mit mir um.

➤ Ich habe keine Freunde, bin dauernd alleine.

➤ Ich weiss nichts mit mir und meinem Leben anzufangen. Ich langweile mich dauernd.

Nicht nur aktuelle Ereignisse, sondern auch Gedanken an längst Vergangenes können Wut auslösen – immer abhängig davon, wie das Kind das jeweilige Erlebnis verarbeitet hat.

Die Kindheit – nicht immer »heile Welt«

Manche Erwachsene schwärmen nostalgisch, die Kindheit sei in unseren Breiten das »goldene Zeitalter«. Die meisten wissen es allerdings besser. So golden sind diese Zeiten wahrlich nicht für jedes Kind, auch wenn das auf den ersten Blick häufig so wirken mag – nicht nur die äußeren Bedingungen unterscheiden sich beträchtlich voneinander, sondern auch die inneren Anlagen. Von Geburt an haben Kinder unterschiedliche Lebenschancen. Und das hat auch mit ihrer genetischen Ausstattung, mit ihrem Temperament zu tun. Die einen sind richtige Aktivbolzen, die anderen stillere Gemüter, die einen meistens gut drauf, die anderen schnell traurig oder ärgerlich und geraten leicht an den Rand der Verzweiflung.

Selbst wenn sie ihren Nachwuchs genau kennen, selbst wenn sie viel Zeit mit ihm verbringen, fällt es Eltern mitunter schwer, herauszufinden, was in ihrem Kind eigentlich vor sich geht, denn Kinder – vor allem natürlich die jüngeren – können oft ihre Befindlichkeit noch nicht beschreiben, erst recht nicht, wenn sie mit sich und der Welt im Clinch liegen und mit ihren Gefühlen nicht klar kommen. Einerseits fehlen ihnen noch die richtigen Worte, sich auszudrücken, andererseits wissen sie ja selbst nicht so genau, was eigentlich mit ihnen los ist, woher die stürmischen Gefühle rühren, die in ihrer Seele toben. Meistens behelfen sie sich, indem sie ihren Zustand umschreiben und das benennen, was sie kennen. »Mein Bauch tut weh!«, heißt es dann. Dass sie nicht an Bauchweh leiden, sondern an Seelenschmerz, ist ihnen nicht bewusst. Hält dieser Zustand an, leidet ein Kind permanent unter »Bauchweh« und steht unter Druck, braucht es Hilfe – manchmal sogar professionelle.

Es zeigen sich große individuelle Unterschiede bei Menschen. Manche neigen bereits als Kinder zu aggressivem Verhalten. Andere sind die Ruhe selbst, nichts stört so schnell ihre ausgeglichene Gemütslage

Wenn Eltern ratlos sind

Wenn Kinder brüllen und kreischen, ärgerlich und wütend werden, geraten nicht nur die Knirpse selbst, sondern auch viele Eltern aus dem inneren Gleichgewicht. Sie regen sich auf, sie tun sich schwer, die Attacken und Kämpfe einzuordnen, die ihre Kinder austragen, und eine spannungsgeladene Situation richtig einzuschätzen. Viele fühlen sich verunsichert: Was tun? Müssen wir eingreifen? Wenn ja, wie können wir gegensteuern? Wo ist die Grenze zwischen alltäglichem Ärger und übergroßer Aggressivität? Wenn unser Kind oft über die Stränge schlägt – brauchen wir dann Hilfe und wo können wir Hilfe finden?

Das Verhalten der Eltern – entscheidend für die Entwicklung

Wie sich ein Kind entwickelt, wie es auf Frustrationen, Enttäuschungen, Verluste reagiert, hängt nicht nur von seinem Temperament, sondern ganz wesentlich von den familiären Bedingungen ab, unter denen es groß wird:

➤ Zum einen zählt das Vorbild, das die Erwachsenen abgeben. Geraten die Eltern schnell in Rage, wenn nicht alles perfekt nach Plan verläuft, färbt dieses Verhalten oft auf den Nachwuchs ab.

➤ Zum anderen beeinflusst der Erziehungsstil das kindliche Verhalten. Gehen Mütter und Väter distanziert mit ihren Söhnen, ihren Töchtern um, hält sich ihr Interesse an den Kindern in

Oft fällt es Eltern nicht leicht, herauszufinden, was hinter den Wutattacken ihres Kindes steckt

Grenzen, wenden sie sich ihren Sprösslingen vor allem dann zu, wenn sie etwas zu schimpfen und zu kritteln haben, muss es nicht verwundern, wenn Kinder darauf mit zunehmend aggressivem Verhalten reagieren.

Genau hinschauen, von Kindern lernen

Klopperei ist nicht gleich Klopperei. Nicht jede Rauferei ist gleich ernst zu nehmen, nicht jedes Schimpfwort auf die Goldwaage zu legen. Wütendes Kindergeschrei muss nicht immer gleich abgewürgt werden. Das wissen erfahrene Eltern. Andere tun sich schon schwerer, das Verhalten ihrer Kinder richtig einzuordnen. Wie sollen sie sich zum Beispiel verhalten, wenn ihr Sprössling »nur so zum Spaß« eine wilde Klopperei mit Freunden anzettelt, mit Geschrei in den Kampf zieht – in einen Kampf, bei dem jeder vernünftige Mensch schon im Vorfeld ahnt: Diese Rauferei bleibt kein Spiel? Aus dem Spaß wird garantiert Ernst. Das Spiel wird in einem echten Wutanfall und mit echten Tränen enden.

Sicherlich ist es hilfreich, die Auseinandersetzung der Kinder genau zu verfolgen. In der Regel kennen die Eltern ihren Sprössling gut genug, um zu merken, wann die zunächst ausgelassene Stimmung umschlägt und eine ernsthafte Rauferei beginnt. Einschreiten sollten sie jedenfalls erst dann, wenn Kinder anfangen, sich wirklich weh zu tun.

➤ Der fünfjährige Mark rennt wüst schimpfend durch den Schnee hinter seinem älteren Bruder her. Als die Verfolgungsjagd ein Ende hat, verkrallen sich die beiden Kampfhähne ineinander, kloppen wüst aufeinander ein, wälzen sich im Schnee und seifen sich gegenseitig ein. Die Mutter der beiden fährt dazwischen: »Beim Einseifen hört der Spaß wirklich auf!«

Reagiert Marks Mutter übereilt oder wurde es höchste Zeit, dass sie eingriff? Mütter und Väter sind nicht aus gleichem Holz geschnitzt. Was der eine aushält, geht dem anderen schon direkt

Häufig reagieren besorgte Erwachsene vorschnell aus Angst, dass sportliches Gerangel in einen wütenden Zweikampf umkippen könnte

an die Nerven. Was der eine als spielerisches Geplänkel abbucht, ist für den anderen bereits ein übler Angriff, der mit Spielerei gar nichts mehr zu tun hat. Jeder beansprucht für sich die Freiheit, sich selbst ein Bild zu machen: Ich weiß, wo der Spaß ein Ende hat, was ich noch tolerieren kann und wann ich einschreiten muss.

Die Maßstäbe sind also unterschiedlich. Patentrezepte gibt es nicht, nur einige wichtige Eckpunkte, die Eltern zum Nachdenken anregen und ihnen vielleicht helfen können, sich zu orientieren.

Keilereien und Boxkämpfe – für sanfte Eltern unerträglich

Die besonders friedliebenden, zarten Gemüter unter den Erwachsenen stoppen Schneeballschlachten, Boxkämpfe und ähnliche Auseinandersetzungen meistens schnell mit einem entsetzten: »Nun hört bloß auf, ihr tut euch doch weh!« Jede Rauferei, und wenn sie noch so harmlos ist, jedes Kampfgeschrei wird gleich als zu wild, zu aggressiv bewertet und deshalb nachdrücklich unterbunden. Die Gründe:

➤ Sorge um das Befinden der Kinder,
➤ Sorge um »den guten Ruf«: Was sagen andere Kinder, was andere Eltern dazu, wenn unser Sprössling als aggressiv gilt? Welche Auswirkungen wird das haben?
➤ Abscheu vor jedem Scharmützel und vor raueren, lauteren Tönen.
➤ Angst, dass kleine Rangeleien und ein Kräftemessen schnell in aggressives Verhalten, in echte Schlägereien ausarten könnten. Ist der erste Schritt erst mal getan, sind die Hemmungen bald dahin und damit lässt die Scheu vor übleren Gefechten schnell nach. Dann ist der Bann gebrochen und das Treten, Schubsen, Boxen wird vielleicht zur Gewohnheit. Vorsicht nach dem Motto: »Wehret den Anfängen!«

25

Wann ist ein Kind wirklich wütend, wann »nur« ein bisschen zu temperamentvoll? Die Meinungen der Erwachsenen klaffen auseinander: Was die einen für unerträglich halten, ist aus Sicht der anderen kein Grund sich aufzuregen

Weil sie mit Aggressionen nur ungern konfrontiert werden, schieben viele Eltern gleich einen Riegel vor, wenn ihr Kind in Wut gerät und dann auch noch auf andere losgeht

Erwachsene, die auch harmlosere Rangeleien unter Kindern nicht mitansehen können, sollten den Kampfhähnen einfach den Rücken kehren oder sie vor die Tür weisen. Auch wenn die Balgereien ihren Sinn haben und Kinder in ihrer Entwicklung weiterbringen können, sollten genervte Eltern ihr Missfallen trotzdem ausdrücken: »Wenn ihr unbedingt balgen müsst – na gut. Aber nicht vor unseren Augen, denn wir mögen eure Kämpfe nicht anschauen!« Was bei einer Rauferei das gerade noch verträgliche Maß an Aggression ist und was nicht, darüber sollte in der Familie häufiger gesprochen werden. Natürlich klaffen hier nicht selten die Vorstellungen der Erwachsenen und der Kinder auseinander, ebenso natürlich die der Erwachsenen untereinander. Diskussionen helfen hier weiter – helfen auch kleinen Kindern, die sich meist im Zuhören üben.

Tipp: Sich in die Kleinen hineinversetzen

Die Großen sind Spielverderber, wenn sie sich vorschnell einmischen – so die Sichtweise vieler Kinder, vor allem der Jungen, die ihre Kräfte gerne spielen lassen und zeigen. Sie sind Leute, die einfach keine Ahnung von richtigen Jungenspielen haben.

Die Folge, wenn sie von Erwachsenen ermahnt werden: Die Kinder oder Jugendlichen machen dicht, denken gar nicht daran, auf das zu hören, was ihnen gesagt wird. Wer sie erreichen will, sollte versuchen, sich in ihre Vorstellungen hineinzuversetzen und die Welt mit ihren Augen zu sehen.

Zwei Tricks, die dabei helfen:

➤ Sich an die eigene Kindheit erinnern und die Frage stellen: »Was war mir damals wichtig? Wie habe ich auf Gespräche mit meinen Eltern und Lehrern reagiert, habe ich mir etwas von ihnen sagen lassen?«

➤ Sich einen in etwa vergleichbaren Vorfall in der Erwachsenenwelt vorstellen und überlegen: »Was empfinde ich, wenn sich andere in meine Belange einmischen? Wann kann ich das akzeptieren? Wann werde ich störrisch?«

Kampfgebrüll – robustere Eltern lassen sich nicht schrecken

Die etwas weniger empfindlichen Eltern beurteilen spielerische Rangeleien ihrer Sprösslinge dagegen milder. Sie sehen das Gekreische und Geraufe mehr unter sportlichem Gesichtspunkt und sagen: »Das ist kein aggressives Verhalten und artet nicht gleich in Schlimmes aus. Wieso sollten wir jetzt schon beunruhigt sein?«

Dem anderen ein Bein stellen oder auf den Rücken springen, ihn in den Schwitzkasten nehmen – aus ihrer Sicht sind solche Attacken reine Kinkerlitzchen und noch lange kein Grund einzuschreiten: Die üblichen Tobespiele oder Rangstreitigkeiten unter Kindern – für viele Mütter und Väter kein Grund sich aufzuregen, solange die Beteiligten alles unter Kontrolle haben. Man darf Kinder doch nicht in Watte packen, ist ihre Meinung.

Was manche Erwachsenen für gefährlich und unerträglich halten, irritiert viele Kinder kaum: »Das bisschen Wutgeschrei ist doch harmlos!«

Die Folge: Sie greifen erst ein, wenn von Spiel oder sportlichem Zweikampf wahrlich nicht mehr die Rede sein kann, und das heißt zum Beispiel: Wenn ein Mitfighter so in Rage gerät, dass er wild um sich schlägt, erst recht, wenn ein Altersgenosse wehrlos am Boden liegt und bittere Tränen fließen oder wenn aus dem ausgelassenen Kräftemessen eine handfeste Prügelei und aus dem verspielten Kampfgetöse ein wütendes Gebrüll geworden und damit ganz klar ist: Aus dem spielerischen, übermütigen Kräftemessen ist eindeutig Ernst geworden.

Kinder, die sich auf wildere Spiele nicht einlassen »dürfen«, die zu Hause nie und nimmer wagen würden, mit den Türen zu knallen, wütend herumzuschreien oder die Geschwister zu verhauen, weil in ihrer Familie jede Aggression, jede Art körperlicher Auseinandersetzung ganz grundsätzlich verpönt ist, und sei ein Gerangel noch so spielerisch, bekommen mitunter Probleme mit ihren Altersgenossen. Sie haben oft Schwierigkeiten, sich in einer Gruppe zu behaupten, in der etwas rauere Gangarten gelten: in der Kindergartengruppe zum Beispiel oder in der Klassengemeinschaft. Ihnen fehlt es häufig an Durchsetzungsvermögen, an Mut, so sehen das jedenfalls viele Gleichaltrige, die sich mit Hilfe ihrer Ellenbogen, oft ihres ganzen Körpers, Anerkennung verschaffen.

Häufig gelten die Friedfertigen, die Beherrschten unter ruppigeren Gleichaltrigen als brave Lämmchen, die sich alles gefallen lassen, die sich nie wehren, die nie richtig aus sich herausgehen, damit farblos und langweilig bleiben und die man deshalb nicht so richtig ernst nehmen muss. An diesem Punkt steigen viele Mütter und Väter ein, die sich sorgen, ihr Kind könnte zu diesen zarten, von Gleichaltrigen verspotteten Lämmchen zählen.

Wollen Eltern verhindern, dass sich ihr Kind allzu leicht unterbuttern lässt, sollten sie Aggressionen nicht total und grundsätzlich tabuisieren, sondern in verträglichem Maße auch zu Hause zulassen und nicht bei jedem Kampf, bei jedem kleinsten Ausraster gleich »Stop!« und »Halt!« rufen und »Das geht doch nicht!«. Die Frage ist nur: Welches Maß ist erträglich oder sogar sinnvoll?

Wie viel Wut darf sein? Wie viel Aggression ist noch positiver Antrieb, wann wird eine negative, zerstörerische Kraft daraus – und wo ist die Grenze? Manchmal ist das schwer zu beurteilen

Aggressionen – in Maßen positiver Antrieb

Die meisten Eltern wünschen sich nette, unkomplizierte Kinder – keine wilden, wüsten Raufer, die häufig in Keilereien verstrickt sind, und keine kleinen Choleriker, die bei jedem Frust gleich wütend aus der Haut fahren. Dabei übersehen sie leicht, dass Ärger und Wut und damit verbundene Aggressionen auch positive Seiten haben können. Sie sind Antrieb, sich ein Stück vom Leben zu erobern, Widerstände zu überwinden, Dinge zu bewegen und das Dasein befriedigend zu gestalten. Aggressionen wirken also nicht immer zerstörerisch, sondern

➤ mobilisieren Kräfte, bringen einen Energieschub, helfen damit auch, Konflikte durchzustehen und zu lösen, setzen Kreativität in Gang,

➤ weisen auf Probleme hin, regen dazu an, diese Probleme in Angriff zu nehmen,

➤ sind ein Mittel, die eigenen Gefühle wahrzunehmen und mitzuteilen, denn die Umwelt reagiert darauf.

Nur wenn Aggressionen ausufern, wenn sie allzu schnell in blinde Wut, in große Verzweiflung oder sogar in Gewalt und Schrecken umschlagen, dann richten sie Schaden an.

Warum manche Eltern aggressives Verhalten tolerieren

Weil Gewalt unter Kinder und Jugendlichen heute ein viel besprochenes Thema ist, machen sich viele Eltern Gedanken darüber, wie sie ihren Nachwuchs am besten auf das raue Kindergarten- und Schulhofklima vorbereiten können.

Viele entschließen sich, nicht gegenzusteuern, sondern mitzuspielen. Das heißt: Sie tolerieren das aggressive Verhalten ihrer Kinder samt wütender Streitereien und Prügeleien. Ihre Begründung: Wer sich wehren kann, wer seine Aggressionen zeigt, wird

30

Eltern wünschen sich durchsetzungsstarke Kinder. Sie reden ihnen zu, sich von anderen bloss nichts gefallen zu lassen, sondern Stärke zu zeigen. Stärke – das heißt auch die Ellenbogen einzusetzen, wenn's sein muss

nicht so leicht als Opfer ausgeguckt. Wer schon im Vorschulalter lernt, sich das zu holen, was er will, und seine Aggressionen auszuleben, wird sich auch später zu behaupten wissen, wenn er auf dem Schulweg oder -hof von Mitschülern attackiert wird. In unseren rauen Zeiten, in einer Welt voller Wölfe haben zarte Lämmchen keine Chance! Sozialromantiker, die das anders sehen. Nur wer Ellenbogen zeigt und kein Zimperling im Zuschlagen ist, hat eine Chance, sich in unserer Gesellschaft zu behaupten. Ein bisschen Beißen, Schubsen und Treten wird wohl zu verkraften sein. Kinder sind nicht zerbrechlich und werden ein paar normale Spielplatzrangeleien wohl aushalten.

Aus der Sicht dieser Eltern sind Attacken, gespeist aus Wut oder aus Konkurrenzdenken und Ehrgeiz, sind auch heftigere Rempeleien der übliche Kinderalltag – jedenfalls kein Grund für Erwachsene, sich groß aufzuregen. Jeder muss heute kämpfen. Die Zeiten sind nun mal so – Ellenbogenzeiten. Deshalb halten viele auch nichts von einer sanften Gangart. Kinder bloss nicht in Watte packen, heißt ihre Devise, sondern frühzeitig auf das aggressive Klima in unserer Gesellschaft vorbereiten, damit sie schnell erkennen: Das Leben ist beileibe kein Zuckerschlecken. Aggressionen können helfen, besser durchzukommen. Sie glauben, dass Kinder, die richtig kämpfen, die auch mal wagen, wütend herumzuschreien, die ordentlich in Rage geraten und sich richtig vehement à la Rumpelstilzchen austoben können, die besseren Karten für die Zukunft haben. Denn solche Rangen lernen auf diese Weise frühzeitig, nicht zu empfindlich, zu rücksichtsvoll zu sein und ihre Ellenbogen zu gebrauchen, um ans Ziel ihrer Wünsche zu kommen. Ohne ausgeprägtes Durchsetzungsvermögen läuft die Chose einfach nicht, so ihre Lebenserfahrung. Ein ordentliches Wutgeschrei ist der Zunder, der Kinder anstachelt, sich zu holen, was sie brauchen, und zeigt, dass sie keine zarten Pflänzchen, keine Memmen sind, sondern dass sie Temperament haben, willensstark sind. Nicht wenige Eltern wünschen sich, dass ihre Sprösslinge Härte zeigen, austeilen und einstecken können, losstürmen und nicht abwarten und damit glücklicherweise keine »Softys« sind und keine »Weicheier«, sondern dank dieser Robustheit und Aggressivität zu denen zählen, die in der Gruppe das Sagen haben. Und die Macht haben in unserer Zeit vor allem die Unverschämten, die Robusten, die Aggressiveren, die nicht gleich zusammenzucken, wenn ein raueres Lüftchen weht, die mit ihren Gefühlen nicht hinter dem Berg halten, auch bei Meinungsverschiedenheiten nicht ihre Klappe halten, bei harten Auseinandersetzungen und gröberen Keilereien mithalten können – so ihre Meinung.

Selbst Mütter und Väter, die einen kleinen Hasenfuß zu Hause haben, ein friedfertiges Kind, das eher einsteckt als austeilt, stimmen hier nicht selten zu, denn sie wünschen sich häufig, ihr Sprössling würde sich vehementer gegen die Attacken seiner Altersgenossen wehren und auch mal die Zähne zeigen, seine Muskeln spielen und seinen Gefühlen freien Lauf lassen. Oft reden sie ihrem Kind zu: »Wenn du angegriffen wirst, musst du zurückschlagen. Gib den anderen eins auf die Nase. Du darfst dir nichts gefallen lassen, sonst wirst du immer wieder Prügel einste-

Viele Eltern schauen betont weg, wenn ihre Sprösslinge andere Kinder wütend angehen. Eine häufige Rechtfertigung ihrer Zurückhaltung: In unseren ruppigen Zeiten müssen Kinder lernen, sich durchzusetzen

cken!« Oder: »Wenn du wütend bist auf die anderen, dann zeig deinen Ärger auch auf die Gefahr hin, dass du dann in eine Streiterei gerätst. Schrei zurück, wenn die anderen dich dumm anmachen!«

Zu viel Sensibilität, zu viel Empfindlichkeit schade nur, sagen heute viele Erwachsene und betrachten kleine Wesen, die friedfertig, beherrscht und weitgehend ausgeglichen sind, eher mit Skepsis als wohlwollend, denn sie vermuten: Die Stilleren, die Friedlichen und Insichgekehrteren werden es später im Leben schwer haben. Action und Power ist gefragt, Zurückhaltung wird in unseren Zeiten gerne als Schwäche abgestempelt. Die Sensiblen, Einfühlsamen gelten leicht als Loser – das sind nicht die, die sich später eine dicke Scheibe vom Kuchen abschneiden werden, den es in unserer Gesellschaft zu verteilen gibt.

Die Folge dieser Einstellung: Aggressivität darf schon sein, nach Meinung vieler. Nicht wenige Mütter und Väter haben heute nichts dagegen, dass ihre Kinder Streitereien unter sich austragen – selbst wenn sie dabei in Wut geraten und andere in ihrem Zorn kräftig angehen und vielleicht sogar vermöbeln. Sie neigen dazu, schon mal wegzuschauen, wenn ihr Sprössling einen Genossen auf dem Kieker hat, ihn auf dem Spielplatz mit Sand bewirft, den Kameraden mit dem Schippchen kräftig auf den Kopf haut oder sich als Weltmeister im Schubsen behauptet. Sie denken nicht daran, ihren kleinen Max in die Schranken zu weisen, wenn er wie ein Mini-Rambo in der Krabbelgruppe, auf dem Spielplatz, im Kindergarten oder auf dem Schulhof wütet. Manche schauen eher beruhigt als beunruhigt zu und atmen auf, wenn der Nachwuchs die Muskeln spielen lässt: »Um den müssen wir uns keine Sorgen machen. Der bringt es noch mal zu was!«

Wenn Erwachsene Kinder ermuntern, ihre Aggressionen auszuleben, wenn sie üble Faustschläge und grobes Zutreten tolerieren, dann fördern sie aggressives Verhalten und damit auch das Klima der Gewalt in Kindergarten und Schule – das ungute Klima, das alle gemeinsam zunehmend beklagen. Dass hier ein direkter Zusammenhang besteht, wird oft übersehen.

Wut und Verzweiflung – Gefühle, die Eltern überfordern?

Rastet ein Wüterich kreischend oder schimpfend aus, haut er blind vor Zorn um sich und schlägt so kräftig zu, dass andere in Angst und Schrecken geraten, verletzt zu werden, oder wütet er außer sich vor Verzweiflung, heulend und türenknallend durch die Wohnung, so dass sich seine Mitbewohner wirklich Sorgen um ihn machen, sollten Erwachsene spätestens und unbedingt eingreifen. Da Mütter und Väter ihre Pappenheimer kennen und das Treiben ihres Nachwuchses im Blick haben, wissen sie in der Regel auch, wann der richtige Zeitpunkt ist, einzuschreiten, wann es höchste Eisenbahn ist, sich einzumischen.
Wer mit einem argen Wüterich von Kind konfrontiert ist, wer sich von ihm einige Grobheiten gefallen lassen oder häufiger zuschauen muss, wie das eigene Kind andere traktiert, fühlt sich als Mutter, als Vater mitunter überfordert: Wie können wir angemessen auf diese aggressive Verhalten reagieren?

Wenn Kinder aggressiv um sich schlagen und herumbrüllen, ist die Toleranzgrenze der meisten Eltern erreicht. Sie wollen dem Spuk ein Ende machen – nur wie?

Wenn Kinder wie die Rohrspatzen schimpfen …

Sie können kaum über die Tischkante gucken und schimpfen schon wie die Rohrspatzen, wenn sie in Rage geraten. Erstaunt, erschrocken und nicht selten entsetzt nehmen Eltern die verbalen Attacken ihrer Sprösslinge zur Kenntnis:
»Du blöde Mami, du dämliche Kuh …«
»Scheißpapi, der alte Affe, der …«
»Die Alice, die doofe Sau …«
Was nun? Dem Kind eine lange Predigt darüber halten, dass Mamis keine dämlichen Kühe, Papis keine alten Affen und kleine Mädchen keine doofen Säue sind? Geschenkt. Damit ändert sich gar nichts. Beim nächsten Gefühlssturm werden garantiert wieder Schimpfwörter aufgetischt.

Schimpfen und strafen –
meist ohne jede Wirkung

Sinnvoller als schimpfen und strafen: Den eigenen Standpunkt klipp und klar äußern, sich abgrenzen von dem Wutanfall: »Davon halte ich nichts, mein Freundchen!«

Mischen sich Eltern ein, dann oft nach folgendem Muster:

➤ Sie kommen mit langen Erklärungen: »Du sollst nicht immer gleich ausrasten, wenn deine Wünsche mal nicht umgehend in Erfüllung gehen, du musst lernen, dich zusammenzunehmen!« Meistens flutschen solche Erklärungen zum einen Kinderohr hinein, zum anderen heraus.

➤ Oder sie halten Strafpredigten: »Deine Wut ist eine Zumutung für andere!« Und: »Du solltest mehr Rücksicht nehmen und dich entsprechend zusammenreißen!« Predigten bewirken bei Kindern in der Regel herzlich wenig.

➤ Oder sie drohen mit Strafen: »Wenn du noch einmal ausflippst, dann handelst du dir einen satten Hausarrest ein!« Strafen haben Kinder noch nie nachhaltig beeindruckt.

➤ Oder sie kündigen Liebesentzug an: »Wenn du dich weiterhin so unmöglich benimmst, dann kannst du auf mich nicht mehr zählen!« Liebesentzug tut weh, denn auch rebellierende Kinder und Jugendliche lieben ihre Eltern, selbst wenn das manchmal nicht so aussieht, und sind entsetzt, wenn sie Angst haben müssen, dass ihre Liebe nicht erwidert wird.

➤ Oder sie machen das Kind nieder und provozieren damit erst recht Trotzreaktionen: »So klein und schon ein ausgewachsener Hysteriker!«

Solche Bemerkungen tun weh. Solche Hiebe bleiben in Erinnerung. Keiner mag von oben herab behandelt und verletzt werden. Wenn Kinder wider den Stachel löcken, schimpfen Erwachsene nicht nur, sondern moralisieren auch gerne mit erhobenem Zeigefinger. Dann heißt es:

➤ »Du musst deine Wut beherrschen! Reiß dich zusammen!«

➤ »Du darfst deinen Freund nicht so rüde in die Seite boxen, das tut ihm doch weh! Nimm doch Rücksicht auf ihn!«

➤ »Du sollst deinem Bruder kein Bein stellen. Das ist nicht so harmlos, wie du es darstellst, sondern ziemlich brutal!«

Schimpfen, Strafen verhängen, auf die Kinder einreden und an ihre Vernunft appellieren, Predigten halten – alles zusammen bewirkt in der Regel also wenig. Bewirkt höchstens, dass sich das Kind weiter in seine Wut versteigt, noch lauter brüllt, noch wüster strampelt und erst recht mit den Füßen aufstampft oder zuschlägt. Wer auf wildes Gezeter selbst mit wütenden Worten reagiert, wer sich anstecken lässt von der Aggression, die in der Luft liegt, hat verloren. Das bedeutet höchstens: Die Kinder fühlen sich zusätzlich bestärkt durch das negative Vorbild, das die Erwachsenen in diesem Moment abgeben: »Die machen's ja auch nicht anders!«

Nicht nur für Kinder, sondern auch für Erwachsene ein schwieriger Prozess: lernen, sich sinnvoll auseinanderzusetzen – ohne übergroße Aggressivität

Die Erwachsenen sind immer das Vorbild

Selbst wenn es wild wütet und tobt, behält ein Kind seine Eltern gleichzeitig scharf im Auge: Wie reagieren sie auf den Tanz, den ich veranstalte? Es achtet in diesem Moment weniger auf das, was sie sagen, als auf ihre Stimmung, auf ihre Gefühle, die gleichzeitig durchschimmern. Es fragt sich: »Tun Mami und Papi nur so gelassen und gleichmütig oder bringe ich sie in Wahrheit mit meinem Geschrei doch auf die Palme?« Sind die Erwachsenen nicht stimmig in ihrer Reaktion, schwingen falsche Töne mit, spürt ein Kind das. Es nimmt Unstimmigkeiten intuitiv und sensibel wahr. Kinder lassen sich kein Theater vorspielen. Sie wissen genau, woran sie sind. Sind die Eltern nicht authentisch, dann reizt es den Nachwuchs erst recht, ihnen eine ehrliche Reaktion zu entlocken, und sei es mit Hilfe eines erneuten Wutanfalls. Geben Mutter und Vater das Bild perfekter Eltern ab, stilisieren sie sich und ihr Leben, so nehmen sie dem Kind die Möglichkeit, sich an seinen wahren Eltern zu orientieren. Sie verunsichern es. Ein gutes Vorbild abgeben heißt, Kindern zeigen, dass es sich lohnt,

Selbstdisziplin zu üben und die eigenen Gefühle zu zügeln. Brüllen Eltern bei jeder Kleinigkeit gleich los, fahren sie sofort aus der Haut, wenn die Dinge des Lebens nicht so laufen wie gewünscht, dann müssen sie sich nicht wundern, wenn die Kinder in ihre Fußstapfen treten und sich gleichfalls zu Schreihälsen entwickeln.

Das Schönste nach einen Wutanfall: die Entspannung und Versöhnung

DER KLEINE WÜTERICH

Schlechte Laune, gute Laune – beides überträgt sich

Es fällt Erwachsenen schwer, Streit zu schlichten und wütendes Kindergezänk zu beenden, wenn sie selbst unter Druck stehen. Sind sie erschöpft, dann neigen sie dazu – aller besseren Einsicht zum Trotz – , genau das zu tun, was sie eigentlich vermeiden wollten: Sie schimpfen. Sie poltern. Sie kommen mit Drohungen, verordnen Strafen, von denen sie wissen, dass sie doch nicht fruchten, heizen damit den Konflikt an und helfen nicht, ihn zu lösen:

➤ Der fünfjährige Jan und seine Kindergartenfreundin Nina kriegen sich im Sandkasten in die Wolle. Jeder will mit dem roten Schüppchen spielen. Ein erbitterter Streit entbrennt um das Spielzeug. Jans Vater versucht, den Streit zu schlichten. Es gelingt ihm nicht, die Streithähne zu beruhigen. Schließlich lässt er sich anstecken und raunzt die Kinder wütend an: »Packt eure Siebensachen ein, wir gehen nach Hause!«

➤ Tini ist mit dem linken Fuß zuerst aufgestanden. Nichts will ihr heute gelingen: Sie ist zu spät in die Schule gekommen und hat die Hälfte ihrer Hefte zu Hause vergessen. Mittags faucht sie ihre Mutter ungeduldig an: »Ich mag nichts essen!« Enttäuscht, weil ihre Kochkünste nicht gewürdigt werden, reagiert jetzt auch Tinis Mutter gereizt.

An guten Tagen fällt es leichter, fröhlich, ruhig und gelassen, liebe- und humorvoll mit Kindern umzugehen. Kleine, alltägliche Ärgernisse lassen sich dann mit links aus der Welt schaffen.
An schlechten Tagen zeigt sich das Dasein grauer: Wenn die Stimmung trübe ist, noch geduldig auf Kinder eingehen? Woher die Kraft dazu nehmen und die Gelassenheit? Dann tut sich keine Energiequelle mehr auf, die man noch anzapfen könnte.
Die Folge: Es fällt schwer, Kinder in ihrer Wut zu bremsen, ihnen einen Ausweg zu zeigen, Streitereien zu beenden, bevor sie ausufern.

Gelassen sollen sie bleiben – das bekommen Eltern immer wieder zu hören. Wenn das so einfach wäre. Vor allem die leichter erregbaren Gemüter haben ihre Schwierigkeiten damit, geduldig zu bleiben

Wenn Kinder ihre Eltern zur Weißglut bringen...

Geraten Kinder in Rage, dauert es meist nicht lange, bis Mutter und Vater ebenfalls auf Hundert sind. Besonders groß ist die Ansteckungsgefahr, wenn die Erwachsenen nach einem langen Tag müde und erschöpft sind und sich schnell überfordert fühlen – einfach genug haben von Kind und Kegel. Wut ist leider ansteckend. Und dazu vernebelt sie den Kopf und kostet unnötig Kraft. Eltern brauchen ihren Kopf, ihre Kräfte aber – und jetzt ganz besonders –, denn sonst tanzen ihnen die Mäuse zunehmend auf dem Kopf herum und die nächste Explosion ist vorprogrammiert. Was tun, wenn der Nachwuchs den Ärger auf die Spitze treibt?

➤ Zunächst einmal kurz innehalten, ein beruhigendes Selbstgespräch führen: »Halt Abstand. Lass das Ganze nicht so an dich herankommen! Nimm nicht alles so ernst. Wegen einer Lappalie kann einem doch nicht gleich der Hut hochgehen ...!« Bisweilen nützen Selbstbeschwörungen.
➤ Später, in einer stillen Stunde, gründlich darüber nachdenken und die Frage stellen: »Warum lasse ich mich mitreißen, warum springt der Ärger, die Wut gleich auf mich über? Wo liegen meine Reizpunkte, warum sind bestimmte Themen so heikel?« Gelingt es, diese Punkte zu klären, legt sich die Explosionsgefahr.

Auch Eltern können entsetzlich nerven

Umgekehrt gilt das Gleiche: Manchmal haben die Kinder mit schlechter Laune zu kämpfen und geraten gleich aus dem Häuschen, wenn ihnen eine Laus über die Leber läuft. Dann sind sie aus der Puste, ausgelaugt nach einem anstrengenden Schultag. Müde und miesepetrig hängen sie im Sofa. Wenn sie sich selber gram sind, fällt es Kindern schwer, Langmut mit Erwachsenen zu üben, die nervös durch den Alltag hasten und sofort wütend aufschäumen, wenn nicht alles so läuft, wie sie es gerne hätten.

➤ Der Tag war lang, die Arbeit im Büro anstrengend – dass ihre Mutter heu- te keinen guten Tag hat, sehen die sechsjährigen Zwillinge Lina und Tim sofort, als sie zur Haustür hereinkommt. Prompt sind auch die beiden gereizt und streitlustig. Sie zanken herum, toben durchs Kinderzimmer und im Handumdrehen wird aus dem Geplänkel ein wütendes Gekreische.

Je nach Tagesform gelingt es Kindern, gelassen bis gleichgültig auf das Genörgel und Gemuffel der Großen zu reagieren - oder auch nicht. Mal fällt das Abgrenzen leichter, mal schwerer, nicht anders als bei den Erwachsenen.

An lichten Tagen gelingt es Kindern, sich den Ärger der Großen vom Leibe zu halten: Sie entziehen sich dem Clinch, klinken sich aus, verschwinden in ihrem Zimmer und schließen die Tür nach- drücklich. Das heißt: Lasst uns in Ruhe.

An mieseren Tagen steigen sie ein. Dann färbt die schlechte Stim- mung auf sie ab und sie geraten selbst unter Spannung, wenn die Erwachsenen herumwüten. Die Folge auch diesmal: Die ganze Familie gerät unter Druck.

Dieses ewige Wechselspiel der Gefühle prägt das Zusammenleben entscheidend. Allen Beteiligten gelingt es mal mehr, mal weniger, den Rhythmus dieses Wechselspiels mitzubestimmen, ebenso häufig entwickelt es jedoch eine Eigendynamik. Damit sind Wutattacken und Auseinandersetzungen oft vorprogrammiert.

Weinen: Tränen lösen die Anspannung

Weinen ist ein Heilmittel, ein wunderbarer Mechanismus, den der Körper besitzt, um Spannung und Schmerz zu lindern. Wird Kindern die Möglichkeit, sich richtig auszuweinen, genommen, etwa durch Ermahnungen wie: »Sei keine Heulsuse!«, dann wird ihnen damit auch die Möglichkeit verwehrt, sich mit ihren Niederlagen auseinander zu setzen, sie zu akzeptieren oder auch Zeichen von Schwäche zu zeigen.

Was tun, wenn ein Kind Rambo spielt?

Wenn ihr Nachwuchs sich auf dem Spielplatz als echter Rabauke aufspielt, müssen Eltern reagieren und zwar schnell. Zögern und langes Überlegen – »Was können wir bloß tun?« – ist jetzt nicht angebracht. Was entspannt die Situation?

➤ Bitte nicht mit dem Tunichtgut schimpfen. Denn auch das Schimpfen wird von Kindern als Zuwendung verbucht – nicht gerade angenehm, die Art der Zuwendung, aber besser als gar

nichts. Immerhin bekommt man damit ein Stück Aufmerksamkeit – genau das, was mancher Dreikäsehoch mit seinem Wutgebrüll erreichen will.

➤ Bitte nicht zurückschlagen. Aggressivität mit Aggressivität beantworten und dann noch erwarten, dass das ruppige Verhalten damit ein Ende haben könnte – sicherlich keine überzeugende Strategie, und dass hier ein Widerspruch liegt, merkt jeder Winzling.

Gemeinsam den Ärger beenden

In vielen Fällen ist der Ärger oder die Wut, die einem Kind zu schaffen macht, auf irgendeine Enttäuschung zurückzuführen, die das Kind erlebt hat, an die sich die Eltern vielleicht gar nicht mehr erinnern oder die sie kaum wahr-, erst recht nicht wichtig genommen haben. Ärger mit der Erzieherin im Kindergarten, mit der Lehrerin in der Schule, mit der Freundin – alles kann einem sensiblen Kind reichlich aufs Gemüt schlagen. Was können Eltern tun, wenn ihr Kind immer wieder in Verzweiflung gerät, vor Wut schäumt, mit Schimpfwörtern um sich wirft, mit den Füßen tritt und nur noch keift? Die Frage nach dem Warum ist zwar wichtig. Sie zu beantworten hat aber Zeit. Zunächst ist es wichtig, das Kind zu beruhigen. Nur wie?

Wenn ein Kind verzweifelt und wütend ist, brauchen Eltern vor allem Geduld und Einfühlungsvermögen. Wer sich auf seine Intuition verlässt, findet den richtigen Ausweg

Grenzen setzen – ein klares Stopp muss manchmal sein

Längst nicht jeder Rabauke verwandelt sich in ein sanftes Lämmchen, wenn Mutter oder Vater geduldig und sanft auf ihn einreden. Viele Kinder halten gar nichts von Beruhigungsprogrammen, wenn ihnen gerade nach Zoff zumute ist und sie unter Strom stehen. Im Gegenteil: Mancher Dreikäsehoch bekommt schnell spitz, dass er von seinen Eltern alles haben kann, wenn er richtig schön Terror macht, weil Mutter und Vater das Wutgeschrei ihres Sprösslings einfach fürchten. Er weiß genau: Wenn ich ordentlich schäume, wenn ich mich schrecklich aufführe, dann kann ich meine Eltern um den Finger wickeln. Sie springen. Sie tun alles, damit das Affentheater, das ich veranstalte, bloß schnell ein Ende hat.

Blau vor Wut

In ihren Trotzzeiten können sich Kinder sagenhaft aufregen, wenn irgendetwas nicht so läuft, wie sie es sich in den Kopf gesetzt haben. Vor Wut oder Verzweiflung bleibt manchem Kind sogar die Luft weg. Es läuft blau an, krampft vielleicht sogar kurzzeitig oder wird ohnmächtig – zum Schrecken seiner Eltern.

Solch ein Ausbruch muss Erwachsene nicht zu stark beunruhigen, denn die Atmung setzt sicher rechtzeitig wieder ein. Was aber können Mütter und Väter tun, wenn sie es einfach nicht aushalten, ihr Kind so außer sich zu sehen? (Und das geht den meisten so.) Dem Kind

➤ auf den Rücken klopfen,
➤ ins Gesicht pusten,
➤ mit einem kalten, feuchten Waschlappen übers Gesicht wischen,
➤ es trösten.

Gehen Erwachsene jetzt gleich und sofort auf die Wünsche des kleinen Wüterichs ein und räumen ihm flugs alle Hindernisse aus dem Weg, dann besteht die Gefahr, dass der Nachwuchs diese Wutanfälle fortan als Druckmittel benutzt, immer wenn er seinen Kopf durchsetzen will. Bewusst sind ihm diese Zusammenhänge natürlich nicht.

Wer weiß, dass ein Kind nicht in gezielter Absicht trotzt, sondern auf die fremde große Welt ab und an einfach hilflos, nicht anders als mit heilloser Wut reagieren kann, nimmt solche Wutanfälle gelassener hin und lässt sich nicht so leicht auf einen Machtkampf ein.

Die Folge:
➤ Der kleine Wüterich nutzt seine Machtstellung aus, lernt bald, Erwachsene mit seinem Wutgetöse, mit seiner schlechten Laune, seinem Ärger zu erpressen, und spielt mit der Zeit immer perfekter auf diesem Klavier.
➤ Oder das Kind überspannt den Bogen immer häufiger in der Erwartung: Meine Eltern werden sich allerlei einfallen lassen, um meine Wut zu besänftigen. Ich muss den Druck, unter dem ich stehe, nicht lange aushalten.

Auf diese Weise kann es nicht lernen, Frust auszuhalten. Laufen die Dinge nicht so, wie es gerne möchte, wird es immer wieder mit Wut, Ärger oder Zorn reagieren. Wenn ein kleiner Steppke von früher Kindheit an die Erfahrung macht, dass ihn seine Wutausbrüche fast immer ans Ziel aller Wünsche bringen und er sich dabei ganz wohl fühlt, prägt sich dieses Verhaltensmuster ein. In diesen Fällen ist es höchste Zeit, dem Spiel ein Ende zu setzen und dem Kind klar und eindeutig eine Grenze zu setzen: Bis hierher, aber weiter nicht!

So klein sie sind, merken Kinder doch schnell, wie sie ihre Eltern dahin kriegen, wo sie sie haben möchten. Bei diesem Spiel können Wutanfälle ein ganz brauchbares Machtmittel sein

➤ Michi kommt hungrig aus dem Kindergarten. Sofort marschiert er in die Küche und fragt: »Was gibt's heute?« Als er »Suppe« zu hören bekommt, verzieht er angeekelt den Mund und wütet: »Wieso Suppe? Suppe mag ich nicht. Warum keine Fischstäbchen? Du hast doch gesagt, es gäbe bald mal wieder Fischstäbchen!« – »Stimmt. Ich hatte auch vor, Fischstäbchen zu kaufen. Aber ich hatte keine Zeit, zum nächsten Supermarkt zu laufen! Ich versteh' deine Enttäuschung, aber es lässt sich nicht ändern: Heute gibt's Suppe. Fischstäbchen bringe ich beim nächsten Mal vom Einkaufen mit!« Die Erklärungen seiner Mutter wehrt Michi mit Fußtritten ab. »So nicht, mein Freundchen!«, bekommt der Knabe von seiner Mutter zu hören. Sie schnappt ihn, trägt ihn ins Kinderzimmer und sagt: »Beruhige dich! Ich lasse mich von dir nicht treten, denn das tut mir weh!«

Wenn kleine Kinder in wilde Wut geraten, wenn sie ihre Altersgenossen mit harten Fußtritten traktieren oder ihnen wüste Schimpfwörter an den Kopf schmeißen, dann lässt sich das nicht

Wenn Erwachsene nicht allzu empört auf die Schimpfkanonaden der Kinder reagieren, haben die kleinen Wüteriche ihr Pulver bald verschossen: Wie langweilig, wenn keiner groß auf mein Theater einsteigt

rechtfertigen. Erwachsene dürfen dieses Verhalten nicht als Kampfsport und Lebenstraining abbuchen und darauf warten, dass die Streitereien ohne ihr Zutun ein Ende haben werden, sondern sollten vielmehr einen klaren Strich ziehen: »Stopp, aus, so geht das nicht!«

Natürlich ist es schwierig, Kinder bei ihrem Tun im Auge zu behalten und ihnen gleichzeitig ihre Freiheit zu lassen. Selbstverständlich macht es Mühe, kleinen Rabauken immer wieder klare Grenzen zu setzen: »Stopp, Schluss, aus – es reicht. Reiß dich zusammen. Du kannst anderen nicht einfach ans Schlafittchen gehen, nur weil du meinst, im Recht zu sein. Ich akzeptiere nicht, dass du deiner Wut freien Lauf lässt.« Keine Mutter, kein Vater kommt darum herum, seinem Kind immer wieder geduldig zu erklären, warum an bestimmten Punkten im Leben Mäßigung angesagt ist.

Wie so oft im Umgang mit Kindern, müssen Mütter und Väter wieder einen Balanceakt vollbringen:

➤ Einerseits sollten sie gelassen bleiben, die Unverschämtheiten, die sie von ihrem wütenden Sohn oder ihrer aufbrausenden Tochter zu hören bekommen, nicht auf die Goldwaage legen und die Attacken, denen sie ausgesetzt sind, nicht allzu ernst nehmen.

➤ Andererseits sollten sie aktiv werden und eindeutige Grenzen aufzeigen: »Lass das bitte sein!«.

Hier den Mittelweg zu finden, fällt oft schwer. Wer möglichst gelassen und sachlich bleibt, wer diesen Drahtseilakt bewältigt, hat schon halb gewonnen.

Und weiter? Wie kann man einen wilden Wüterich zum Einlenken bringen – was hilft? Das Wutbündel schnappen und aus seiner Kampfarena entfernen. Das Kind zum Beispiel:

➤ vor die Tür setzen mit den Worten: »Bleib ein Weilchen draußen. Wenn du dich beruhigt hast, kannst du wieder hereinkommen. Dann können wir miteinander sprechen …«

➤ auf den Arm nehmen, festhalten, drücken, wegtragen – auf
   Abstand gehen zu den anderen Kindern und ihm ins Ohr flüs-
   tern: »Wenn du wieder bei dir bist und wir ein paar Takte über
   das geredet haben, was gerade vorgefallen ist, kannst du wieder zu den anderen …«
➤ auf den Schoß nehmen, festhalten und sagen: »Komm erst mal
   zu Atem!«

Hat sich die Situation entspannt, darf der kleine Wildfang zu den
anderen Kindern zurückkehren.
Natürlich hilft dieses Auf-Abstand-Gehen nicht immer und nicht
sofort – manchmal erst nach etlichen Versuchen. Nicht gleich
aufgeben, wenn sich der Erfolg nicht umgehend einstellen will
und der Wüterich munter weiterbrüllt.
Noch einmal zur Erinnerung: Beim anschließenden Gespräch
keine langen Vorträge halten und dem Kind mit dem erhobenen
Zeigefinger kommen, sondern kurz und klar erklären, warum
sein aggressives Verhalten nicht annehmbar ist.

Ist ein Kind auf einen Machtkampf aus, akzeptiert es die gesetzten Grenzen nicht, dann sollten sich Eltern diesem Kampf entziehen: Das Zimmer verlassen, auf Abstand zu dem Rumpelstilzchen gehen, selbst wenn es im Zimmer weiterwütet

Von der Angst, zu streng zu sein

Ein Kind zur Ordnung zu rufen, ist nicht jedermanns Sache. Viele Erwachsene fühlen sich dabei unwohl, haben die Vorstellung, dann zu autoritär und unerbittlich zu sein – eine unangenehme Vorstellung für sie, denn so streng wie einst die eigenen Eltern möchten sie auf gar keinen Fall sein. Schrecklich, diese Erwachsenen, die immer gleich auf Autorität pochten, denken sie, und die niemals den Anspruch hatten, die besten Freunde ihrer Kinder zu sein. Der Freund des eigenen Kindes sein? Die meisten Mütter und Väter merken schnell: Viel wichtiger ist es, dem Nachwuchs eine klare Orientierung zu geben. Das heißt auch Verbote und Gebote verkünden. In aller Freundschaft lässt sich das nicht immer machen, denn oft gehört auch der Mut dazu, sich unbeliebt bei den Kindern zu machen.

Abgrenzen – eine hohe Kunst

Eltern, die ihr Kind und seine Gefühle achten, nehmen auch ihre eigenen Gefühle ernst. Deshalb werden sie sich von einem wütenden Rumpelstilzchen nicht auf der Nase herumtanzen lassen, sondern sich abgrenzen und dem Wüterich klar machen, was erlaubt ist und was nicht.

Ein Segen, wenn es gelingt, möglichst ruhig und sachlich zu bleiben und dabei den eigenen Standpunkt in aller Klarheit darzulegen:

➤ »Wenn du mich wütend anzischst, höre ich nicht zu. Wenn du mit mir reden willst, dann plärr' mich nicht an, sondern versuche, ruhiger zu sprechen. Erklär mir, welches Problem du hast! Wir finden bestimmt eine Lösung!«

➤ »Wenn du es für richtig hältst, mich wütend anzublöken, dann tu das. Ich halte mehr davon, wenn du dich erst einmal beruhigst und dann mit mir sprichst!«

➤ Nicht zu impulsiv reagieren, sondern nachdenklich, mit Bedacht formulieren: »Du magst es für richtig halten, mich als alte Tucke zu bezeichnen. Ich halte nichts davon. Mich verletzt es, wenn man mich so bezeichnet!«. Mit Ich-Botschaften lässt sich meist einiges erreichen, weit mehr als mit Sätzen wie »Du bist unmöglich. Wie kannst du nur so unbeherrscht sein!« oder »Du weißt einfach nicht, wie man sich benimmt!«

Sagen Eltern eindeutig und sehr nachdrücklich »Stop!«, dann kommt das in der Regel bei Kindern auch an, denn ihnen liegt im Normalfall nicht daran, diejenigen zu verletzen, die sie lieb haben. Sie wollen nur ihre eigenen Bedürfnisse befriedigen. Merken sie, dass sie zu weit gehen und anderen in die Quere kommen, machen sie in der Regel einen Rückzieher. Dieses Wechselspiel klappt aber nur, wenn die Beziehung zwischen Kind und Eltern stimmt.

Bisweilen nötig: Kindern eine Brücke bauen

Sich nach einem Wutanfall von allein wieder zu beruhigen, ist für manchen Dreikäsehoch nicht leicht, denn wer sich in eine Sackgasse, in blinde Wut verrannt hat, findet oft nur schwer wieder heraus. Wie gut, wenn Mutter oder Vater dann bereit sind, gemeinsam mit dem Kind nach einem Ausweg zu suchen – zum Beispiel, indem sie einen Kompromiss anbieten:

➤ Der sechsjährige Friedrich schleicht sich an seinen jüngeren Bruder heran, reißt ihm ein rotes Feuerwehrauto aus der Hand und tritt dem Kleinen dann extrafies und kräftig auf die Füße. Empört geht Friedrichs Mutter dazwischen: »Du kannst nicht einem Mitspieler das Auto, mit dem er gerade spielt, einfach aus der Hand schlagen und ihn treten, nur weil du das Auto haben möchtest! Frag ihn doch, ob ihr euch beim Spielen mit dem Auto abwechseln könnt! Oder überlegt euch selbst eine Lösung des Problems!«

Gehen Erwachsene sofort auf die Wünsche eines Kindes ein, dann besteht die Gefahr, dass der Nachwuchs diese Wutanfälle – unbewusst – als Druckmittel benutzt, wenn er unbedingt seinen Kopf durchsetzen will

➤ Mit Argusaugen schaut die siebenjährige Sandra zu, wie das Pflaumenkompott von ihrer Mutter verteilt wird. Ungerecht verteilt wird, meint sie, denn ihr Bruder hat schließlich ein, zwei Pflaumen mehr auf dem Teller. Sandra tritt ihm unter dem Tisch kräftig auf die Füße. »Du kannst doch deinem Bruder nicht einfach wehtun, nur weil er ein paar Pflaumen mehr auf seinem Nachtischteller hat! Fühlst du dich ungerecht behandelt, so sag das doch, dann schauen wir gemeinsam, wie wir Abhilfe schaffen können.«

Mit jedem neuen Lebensjahr wächst bei Kindern das Verständnis für die Bedürfnisse und Gefühle anderer und die Fähigkeit, darauf einzugehen. Das Kind lernt, sein Verhalten darauf abzustimmen oder auch zu korrigieren.

Nicht jeden Ärger aus dem Weg räumen

Gestehen auch Erwachsene eigene Schwächen ein, dann fühlen sich Kinder weniger unterlegen. Es tut gut zu hören, wenn Große zugeben, dass sie sich auch nicht immer perfekt unter Kontrolle haben

Ärger und Wut sind lebendige Gefühle, die einem Kind gestattet sein müssen. Eine vollkommen unbeschwerte Kindheit ist eine romantische Illusion und nicht erstrebenswert. Auch Kinder müssen bisweilen schmerzhaft lernen, dass nicht jeder Tag rosarot und himmelblau gefärbt, sondern manchmal auch grau getönt ist. Wer als Kind nicht lernt, mit Enttäuschungen und Frustrationen umzugehen, wird auch später als Erwachsener seine Probleme damit haben, weil er keine Übung darin hat, damit fertig zu werden – nicht aus Erfahrung schon weiß, dass sich nach dem Grau in der Regel irgendwann wieder ein Lichtschein zeigt.

Gespräche anbieten, aber nicht aufdrängen

Viele Mütter und Väter können es nicht ertragen, dass sie nicht immer dahinter kommen, was ihren Nachwuchs beschäftigt und belastet. Besser als zu bohren und permanent nachzufragen, wenn ihr Kind nicht gleich redebereit ist, und es damit erneut unter Druck zu setzen, ist es, ihm zu sagen: »Ich weiß, dass du dich grässlich fühlst, aber du wirst fertig mit dem, was dich bedrückt! Wenn ich dir helfen kann, ich bin für dich da!«

Lässt sich ein Kind auf ein Gespräch ein, sollten Eltern einige Punkte bedenken:

➤ Wenn sie das Wichtigste im Gespräch zwischendurch kurz zusammenfassen, auf den Punkt bringen, fällt es leichter, bei der Sache zu bleiben – vor allem wichtig bei Kindern, die noch Mühe haben, ihre Gefühle und Gedanken zu beschreiben.

➤ Keine langen Monologe halten, sondern Kinder zum Mitreden animieren.

➤ Kinder ernst nehmen – ihre Gedanken und Gefühle, ihren Schmerz und ihre Wut wahrnehmen.

➤ Nicht gleich als Besserwisser auftreten oder die Nöte und Sorgen wegwischen mit flapsigen Bemerkungen wie: »Ein Indianer kennt keinen Schmerz!«, »Immer schön positiv denken!« oder: »Das ist doch nicht der Rede wert und schnell vergessen!«

Tipp: Humor – ein Zaubermittel

Reagieren Eltern auf jeden Wut- und Tobsuchtsanfall ihres Kindes mit schwerer Sorge und Bestürzung, so vermitteln sie ihrem Nachwuchs das Gefühl, das Leben sei ein großes Drama. Bald wird der Wüterich glauben, nicht nur Wutanfälle seien von Übel, sondern er selbst sei es auch. Und das nagt am Selbstwertgefühl. Kommen Mütter und Väter gleich mit erhobenem Zeigefinger und mit Strafpredigten, wenn ihr Kind ausflippt, so verschärft sich der Konflikt zwischen Groß und Klein nur.

Können Erwachsene dagegen ihren Humor bewahren – auch in Krisenmomenten –, dann entspannt sich die Lage eher wieder. Wunderbar, wenn sich der Konflikt dadurch lösen lässt, dass Eltern sich selbst auf die Schippe und ihren Sprössling liebevoll in die Arme nehmen können, wenn die Tränen bald versiegen, weil man gemeinsam über das vorangegangene Gezeter lachen kann – ihre Lektion lernen Kinder trotzdem. Sie wissen genau, dass sie nicht gleich aus der Haut fahren sollten.

Um lebenstüchtig zu werden, müssen Kinder lernen, mit Konflikten umzugehen und unangenehme Gefühle und Erlebnisse nicht unter den Teppich zu kehren

Das Loben nicht vergessen – aber nicht von oben herab und belehrend, und nur dann, wenn es einen Grund dafür gibt. Unangebrachtes Lob entlarven Kinder schnell als Schmeichelei

Ältere Kinder
möchten
manchmal über
das sprechen,
was vorgefallen
ist. Aber bitte
nicht drängen,
sondern nur
vorsichtig sig-
nalisieren:
Wenn du reden
magst, ich höre
dir zu und
spreche gerne
mit dir

DER KLEINE WÜTERICH

➤ Kein Familientribunal abhalten. Niemand hat es gerne, vor Zeugen zur Rede gestellt zu werden.

➤ Keine Rundumabrechnung vom Stapel lassen, sondern das Gespräch auf die wesentlichen Punkte beschränken, die sich allein auf den aktuellen Ärger beziehen.

➤ Ein klärendes Gespräch dann beginnen, wenn sich der Rauch verzogen hat, die Erinnerung an den Ärger aber noch einiger-maßen frisch ist.

➤ Ruhig und klar die Punkte vorbringen, die wichtig erscheinen. Oft hilfreich: sich kurz auf solch ein Gespräch vorbereiten. Die wichtigsten Stichpunkte notieren.

➤ Bisweilen hilfreich: von der eigenen Kindheit sprechen, von Verlusten und Enttäuschungen, die einem selbst einst zu schaf-fen machten.

➤ Nicht zu verbissen nach dem Grund der Verzweiflung fahn-den. Verhöre kommen nicht an – selbst wenn sie noch so geschickt verpackt sind.

Zuhören, zum Reden animieren

Erwachsene denken nicht selten, dass sich ein Wut- und Verzweif-lungsanfall ihres Kindes am schnellsten gibt, wenn sie nicht groß darauf eingehen. Irrtum: Nur wenn sie Verständnis für den Kin-derkummer zeigen, können sie helfen, ihn zu mildern.

Seine wahren Gedanken und Gefühle einer vertrauten Person erzählen zu können, tut jedem gut. Kinder, die sich schon mittei-len können und die wissen, dass man ihnen zuhört, lernen, sich selbst wahrzunehmen, die eigenen Empfindungen wichtig zu nehmen. Diese Erfahrungen tragen dazu bei, ein stabileres Selbstwertgefühl zu entwickeln.

Die meisten älteren Kinder sind darauf aus, sich mitzuteilen. Sie wollen zu Hause erzählen, was ihnen durch den Kopf geht und was sie erleben. Selbst wenn manche Quasselstrippe die Geduld der Eltern reichlich strapaziert, sollten diese sich über den Mittei-

lungsdrang ihres Nachwuchses freuen, ist das Erzählen doch ein Zeichen großen Vertrauens – erst recht, wenn dabei auch Dinge zur Sprache kommen, die den Erzähler nicht unbedingt in einem guten Licht erscheinen lassen: wenn er zum Beispiel den Mut hat, von Kloppereien im Kindergarten zu berichten, die er angezettelt hat, oder von wüsten Streitereien mit den Geschwistern.

Ist es Eltern klar, dass ihre Töchter, ihre Söhne nicht nur liebe kleine Lämmchen sind, sondern auch richtige Biester sein können, gestatten sie ihnen, nicht nur ihre Schokoladenseite, sondern auch ihre Schattenseite zu zeigen, dann fühlen sich die Kinder wie befreit: Sie müssen zu Hause keine Rolle spielen, sondern dürfen so sein, wie sie sind – eine wunderbare Erfahrung, die Vertrauen schafft.

Spürt ein Kind, dass es ernst genommen wird und auf Interesse stößt, blüht es innerlich auf

Trösten – ein wunderbares Heilmittel

Nichts macht Eltern so zu schaffen wie das Weinen ihres Kindes. Oft bedeutet das Weinen: »Mir liegt eine Riesenlast auf der Seele. Ich komme damit nicht klar! Deshalb bin ich so aggressiv, so wütend und verzweifelt!« Wenn ein Kind außer sich ist vor Wut, wenn es zornig um sich schlägt und die Nerven aller strapaziert, fällt es Eltern meist schwer einzusehen, dass ihr Kind überfordert ist, im Moment mit sich selbst und der ganzen Welt auf Kriegsfuß steht und einfach Schwierigkeiten hat, wieder richtig ins Lot zu kommen.

In dem Moment, da Eltern nicht abwiegeln, sondern anerkennen, dass ihr Kind leidet, sich unwohl fühlt, ist der Schmerz schon nicht mehr ganz so groß. Der beste Trost besteht darin, Verständnis für die Verzweiflung zu zeigen

Manchmal hilft es, den Unglückswurm zu trösten, und manchmal lässt er das sogar zu:

➤ Das Kind auf den Arm nehmen, mit ihm durch das Zimmer wandern, es sanft wiegen und ihm vorsingen, bis sich die Anspannung löst. (Mitunter genießen das auch noch Schulkinder.) Es freut sich, wenn Mutter oder Vater leise »Heile, heile, Segen« singen und Küsschen verteilen. Das rhythmische Wiegen verstärkt die Wirkung des Singsangs noch und knüpft an selige Babyzeiten an.

➤ Es fest in die Arme nehmen. Manches Kind braucht jetzt einen starken Halt, braucht das Gefühl von Sicherheit: Meine Eltern beschützen mich – auch vor meinen eigenen überwältigenden Gefühlen.

➤ Es auf den Schoß nehmen, beschützend die Arme um es legen und eine Geschichte erzählen oder vorlesen. Oft dauert es ein Weilchen, bis es sich entspannt und zuhören kann.

Wichtig bei allem Reden ist immer der Tonfall. Ein Kind nimmt genau wahr, was zwischen den Worten mitschwingt. Es nimmt die Zärtlichkeit der Stimme in sich auf, die liebevolle Zuwendung, die sich darin ausdrückt. Spürt es die Zuwendung seiner Eltern, ihre Liebe, dann ist es getröstet: Da ist jemand, der auf mich aufpasst.

Massage – ein zärtliches Entspannungsritual

Zärtlichkeit und Liebe helfen einem Kind oft, seine negativen Gefühle wie Zorn, Ärger, Wut zu verkraften und wieder Tritt zu fassen. Wenn Eltern ihr Kind fest in den Arm nehmen, ihm Halt geben, es liebkosen, dann heißt jeder Kuss, jedes Streicheln: »Wir sind da. Wir helfen dir!«

Für die meisten Kinder ist das der Himmel auf Erden, wenn sie verzweifelt und wütend sind: Sie sind froh, dass da ein Strohhalm

Bitte nicht enttäuscht sein, falls ein Kind Zärtlichkeiten nicht zulässt, wenn es angespannt ist und unter Druck steht. Mancher kann die Nähe anderer, auch ihm lieber Menschen, jetzt einfach nicht aushalten

Gemeinsam zum Wohl der Kinder arbeiten

Wenn ein Kind häufig über die Stränge schlägt, wenn es seine Kräfte allzu roh walten lässt, reagieren Eltern verletzt, machen sich Vorwürfe und leiden unter Schuldgefühlen: »Wieso entpuppt sich ausgerechnet mein Kind als kleiner Wüterich? Wieso macht es dauernd Terror, wieso kann es nicht lieb und freundlich sein – einfach nett?«

Weil sie nicht weiterwissen, resignieren viele Eltern oder versuchen, den Erzieherinnen oder Erziehern im Kindergarten, den Lehrern, den Medien den Schwarzen Peter zuzuschieben:

➤ Die Eltern beschweren sich: »Im Kindergarten lernen die Kinder ja erst, aggressiv zu sein, und in der Schule erst recht!«
➤ Die Erzieher im Kindergarten bemängeln: »Die Eltern haben nicht genug Zeit. Kein Wunder, dass die Kinder aus ihrem inneren Gleichgewicht geraten!«
➤ Die Lehrer klagen: »Die Eltern bringen sich nicht genug ein!«
➤ Und alle gemeinsam glauben zu wissen: »Das Fernsehen, die Computerspiele heizen die Kinder auf!«

Hilfreicher als Schuldzuweisungen: die gemeinsame Verantwortung sehen, zusammen – statt gegeneinander – zum Wohl der Kinder arbeiten.

Kinder brauchen die Nähe der Eltern als Nahrung für ihre Seele – gerade und besonders in Krisenmomenten. Aber nicht ungeduldig sein: Manche Kinder brauchen Zeit, wollen erst mal eine Weile allein sein

ist, an den sie sich klammern können, und kuscheln sich gerne eng an Mutter oder Vater und spüren ihre Wärme. Durch sanftes Streicheln und Massieren gelingt es häufig, die Anspannung zu mildern oder sogar zu lösen, unter der ihr Kind steht.

Jede Mutter, jeder Vater hat ganz persönliche, eigene Trostrituale, dennoch ein paar Tipps zur Bestätigung oder Ergänzung:

➤ Haut an Haut liegen. Das Kind ermuntern, es sich auf Mutters oder Vaters Bauch bequem zu machen, damit es den Herzschlag spüren kann. Das gleichmäßige Pochen wirkt beruhigend.

Tipp: Was ein Kind zusätzlich belastet

➤ Wenn es sich nicht ausweinen oder aussprechen kann, weil seine Eltern den Konflikt unter den Teppich kehren, die Spannungen überspielen, so tun, als sei gar nichts, und darauf warten, dass die negativen Gefühle von selbst wieder verschwinden, nach dem Motto: Das gibt sich schon wieder.

➤ Wenn es auf Unverständnis stößt, die Eltern indirekt Missfallen signalisieren, etwa durch Liebesentzug, wenn sie nicht auf ihr Kind eingehen, nicht versuchen, es zu trösten und gemeinsam mit ihm nach Lösungen zu suchen.

➤ Wenn es seine Wut nicht loswerden kann, wenn es seinen Ärger nicht äußern darf, sich die negativen Gefühle also aufstauen. Wenn die Wut im Inneren also weiter köchelt und nagt, weil das zugrunde liegende Problem nicht gelöst wurde.

➤ Wenn die Wut auf Umwegen zum Ausdruck kommt, weil der direkte Weg verbaut ist. Ein Beispiel: Der beste Freund wird beschimpft und getriezt, obwohl er gar nicht gemeint ist, er steht als Zielscheibe nur gerade zur Verfügung. Eigentlich hat die Wut einen ganz anderen Anlass: Das Verbot, ins Kino zu gehen, ist die eigentliche Ursache für den Ärger. Und dieses Verbot hat der Vater ausgesprochen. Allerdings fehlt dem Kind der Mut, sich mit ihm über Sinn oder Unsinn des Verbots auseinander zu setzen.

➤ Den Kopf des Kindes mit beiden Händen umfassen. Ihn mit beiden Handflächen sachte massieren.
➤ Dem Kind eine Hand aufs Gesicht legen. Oft fühlt es sich darunter sicher wie unter einem Schutzschild.
➤ Mit dem Daumen die Fußsohlen und Handflächen des Kindes leicht kitzeln und mit leisem Druck massieren.

In Worte fassen, was ein Kind nicht ausdrücken kann

Eltern eines wütenden Kindes wissen, wie nutzlos es ist, mit ihrem Rumpelstilzchen reden zu wollen, wenn es gerade einen Affentanz aufführt. Es will jetzt einfach nicht zur Vernunft gebracht werden. Das heißt aber nicht, dass Mütter und Väter dem Tanz einfach zusehen müssen, sondern sie können dem kleinen Wüterich beistehen, damit er sich schneller wieder abregt. Sie helfen, wenn

➤ sie seine Verzweiflung in Worte fassen. Kleine Kinder sind einfach noch nicht in der Lage, das auszudrücken, was ihnen auf der Seele lastet – erst recht nicht, wenn ihre Gefühle mit ihnen durchgehen,
➤ sie ihrem Kind gerade jetzt zu verstehen geben: »Ich habe dich lieb – immer und ewig, auch wenn du uns allen mit deinen Wutausbrüchen ganz schön auf die Nerven gehst.«

DER KLEINE WÜTERICH

Aktivität, Bewegung – die besten Mittel gegen Wut?

Wenn sich Kinder mit ihren kleinen oder großen Kümmernissen herumschlagen, wenn sie ausflippen und herumwüten, fragen Eltern nicht nur nach dem Wieso und Warum und welchen Part sie dabei spielen, sondern versuchen vor allem, ihr wütendes Kind zu beruhigen und zu bändigen, und zwar möglichst schnell. Die Frage heißt: Was können wir noch tun, außer Verständnis zeigen, miteinander reden und Grenzen setzen? Wie können wir gegensteuern und das Rumpelstilzchen wieder auf den Teppich holen?

Die Aggressionen umlenken?

Ärger löst bei jedem Menschen körperliche Veränderungen aus: Der Adrenalinspiegel im Blut steigt, Stresshormone werden freigesetzt, das Herz schlägt bis zum Halse. Steht ein Kind unter Hochdruck, versucht es, diesen Druck loszuwerden – irgendwie. Oft sucht es sich ein Opfer, an dem es sein Mütchen kühlen kann. Dann kommen ihm die Geschwister, die Freunde, die Eltern gerade recht. Sie werden gepiesackt – auch der Hund wird nicht verschont. Spielsachen und Möbel bekommen einen Tritt ab. Erst wenn der Wutpegel sinkt, pendelt sich die Stimmung wieder ein und das Kind beruhigt sich langsam. Lässt sich dieses destruktive Verhalten auf verträglichere Formen von Aggression umlenken? Können geschickte Eltern ihr wütendes Kind dazu bringen, seine

Aggressionen beim Tischtennisspielen zu lassen, statt den Hund anzubrüllen oder den kleinen Bruder zu verhauen?

Die meisten Experten sagen: Die Aggressionen umleiten, das mag vielleicht manchmal kurzzeitig gelingen, aber im Grunde ist das Problem damit noch nicht gelöst. Wer zum Beispiel im Fußballstadion mitschreit, verschafft sich damit vielleicht für einen Moment Luft, aber gegen tief sitzenden Frust, gegen aufgespeicherte Wut ist das Mitschreien, das Mitgehen auf der Tribüne noch lange kein Heilmittel. Allein durch einen langwierigen Lernprozess können destruktive Aggressionen abgebaut werden.

Die Wut beim Spielen austoben

Wenn sich aggressive Energien im Kind angestaut haben, können diese zerstörerischen Regungen dann durch andere, positivere Formen von Aggression kompensiert werden?

Viele Eltern geben den Fachleuten sicherlich grundsätzlich recht, wissen aus Erfahrung aber doch, dass Aktivitäten manchmal Wunder wirken können. Allerdings haben solche trickreichen Strategien und Anregungen keine langfristige Wirkung, denn sie beseitigen nicht die Ursache der Verzweiflung – den tieferen Grund für die Wut –, sondern helfen nur im ersten Moment, damit das Rumpelstilzchen wieder zur Besinnung kommen und durchatmen kann. Genau das ist Eltern wichtig, die in spannungsgeladenen Momenten sagen: »Du musst erst einmal zur Ruhe kommen, dann sehen wir weiter!«

➤ Robert sieht rot, weil sein kleiner Bruder die Burg auseinander genommen hat, die er mühsam aus Bauklötzen aufgetürmt hat. Die Mutter geht, bevor der Streit eskalieren kann, mit ihrem Filius zum Schlittenfahren nach draußen und rodelt mit ihm die Hänge hinab. Danach kommt Robert gut durchgelüftet und viel besserer Stimmung wieder nach Hause.

Mit Hilfe solcher Aktivitäten kann es bisweilen gelingen, Kinder, vor allem so lange sie noch klein sind, aus gefährlichem Gewässer in harmlosere Gefilde zu lotsen. Man muss den kleinen Rabauken ein Ventil für ihre Wut verschaffen, ihnen eine Möglichkeit

bieten, die Anspannung, den Druck loszuwerden, unter dem sie stehen.

Solch ein Ventil können Tobe-, aber auch ruhigere Spiele sein. Sie helfen, Stress, Frust und angestaute Aggressionen abzubauen und gereizte Gemüter wieder etwas zu besänftigen. Spielen, tanzen, rennen, malen – mit Hilfe von Aktivitäten pendelt sich das Stimmungsbarometer langsam wieder ein. Damit bietet sich dem Kind eine Möglichkeit, seine Kräfte und seine Wut auf friedlichere Art und Weise abzureagieren. Diese trickreichen Strategien und Aktivitäten sind aber, wie gesagt, kein Allheilmittel gegen den Ärger – denn der sitzt tiefer –, sondern nur ein wirkungsvolles, kurzfristiges Hilfsmittel –, eine brauchbare Möglichkeit, die Spitze des Eisberges zu kappen. Was sich unter der Oberfläche versteckt, das muss später gründlicher erforscht werden.

Die Wut umlenken, um eine Explosion zu vermeiden – bei solchen Manövern brauchen Kinder nicht selten die Unterstützung Erwachsener. Allein fällt ihnen so schnell nichts ein, es mangelt oft an einer Idee, wie sie aus der Wutsackgasse wieder herausfinden können, in die sie sich in ihrem Ärger bugsiert haben. Vor allem die jüngeren sind aus eigenem Antrieb längst nicht immer in der Lage, sich ein Ventil für den Druck zu verschaffen, unter

Erwachsene können Kindern zeigen, wie sie ihre Kräfte beim Spielen abreagieren können. Dabei muss ihre Unterstützung fast unmerklich und behutsam sein

dem sie stehen, und selbst nach einem guten Weg zu suchen, ihre überschüssigen Energien loszuwerden. Meistens sind sie letztlich dankbar, wenn die Erwachsenen ihnen behutsam einen Ausweg zeigen, wie sie aus ihrer Bredouille wieder herausfinden können.

➤ Jonas brüllt wie am Spieß und stampft wütend mit beiden Beinen in den Sand. Der Grund: Sein Freund Friedel hat es gewagt, sich die rote Sandschippe, das Lieblingsspielzeug von Jonas, zu nehmen. Deshalb will Jonas Friedel verhauen. Das klappt aber nicht, denn Jonas wird gerade noch rechtzeitig von seiner Mutter aus dem Sandkasten entfernt und mitten in ein Planschbecken gesetzt, das gleich neben dem Sandkasten steht. Jonas brüllt weiter, rudert mit Armen und Beinen im Wasser. Plötzlich hört er auf zu brüllen, weil das Wasserplanschen Spaß macht. Jonas strampelt sich im Wasser den angesammelten Frust von der Seele, Friedel und das Schippenproblem sind bald vergessen.

Die Älteren kommen von allein in Bewegung

Ältere finden meist schon selbst einen Dreh, ihren Jähzorn oder ihre Wut in den Griff zu bekommen

Und wie ist das bei älteren Kindern? Sie kennen sich schon besser. Sie sind selbständiger und wissen häufig, wie sie ihre aggressiven Spannungen abreagieren können – ohne andere in Bedrängnis zu bringen oder Sachen zu beschädigen.

➤ Gregor ist stinksauer. Der Grund: Sein Bruder hat es sich mit Bilderbuch auf dem Sofa bequem gemacht. Gregor würde auch gerne auf dem Sofa lümmeln, muss sich aber statt dessen an seinen Schreibtisch trollen. Die Hausaufgaben warten. Am liebsten würde er den Kleinen vermöbeln, denn dieser Knirps kann den ganzen Tag machen, was er will, weil er noch keine Schulpflichten hat. Auf dem Weg zum Schreibtisch macht er einen Schlenker, nimmt ein Kissen vom Sofa und haut kräftig auf das Kissen ein.

➤ Auf der gegenüber liegenden Straßenseite entdeckt Karen ihre Freundin Mona. Mona ist in Begleitung von Michaela. Eigentlich hatte Mona versprochen, heute Nachmittag bei Karen vorbei zu kommen. Die beiden wollten sich einen schönen Nachmittag in der Stadt machen. Karen hat stundenlang vergeblich auf Mona gewartet, dann ist sie enttäuscht allein in die Stadt abgerauscht, um einkaufen zu gehen. Als sie die beiden Mädchen jetzt entdeckt, dreht sie auf dem Absatz um, rennt wütend nach Hause, läuft in ihr Zimmer und trommelt mit aller Kraft auf ihre Bettdecke ein.

Auch Eltern brauchen manchmal ein Ventil

Nicht nur Kinder geraten unter Druck, sondern auch Erwachsene. Und so gut es Kindern tut, Dampf abzulassen, so befreiend ist es bisweilen auch für Erwachsene. Nur – wie ist das auf verträgliche Weise zu machen?

➤ Wenn möglich, Kind Kind sein lassen und Geschrei Geschrei. Auf sich selbst konzentriert sein. Dreimal tief durchatmen. Einmal kurz vor die Haustür treten, den Krach hinter sich lassen – allein das hilft schon.

➤ Sich nicht auf einen Streit einlassen, sondern zum Telefonhörer greifen. Einer Freundin oder einem Freund das Leid klagen. Am Telefon schimpfen und fluchen – Freunde halten das Gejammer aus und hören es sich in der Regel eine Weile geduldig an –, bis die dicken Wolken verzogen sind.

➤ Falls möglich, einen Spaziergang an der frischen Luft machen und dabei kräftig ausschreiten.

➤ Losheulen, wenn einem danach zumute ist. Nicht nur Kindern tun Tränen gut. Wenn die Tränen laufen, gibt sich die Anspannung bald.

➤ In Ausnahmefällen: zurückbrüllen, um sich Luft zu machen – sicherlich keine vorbildliche Haltung und erst recht keine vernünftige Erziehungsmaßnahme. Aber manchmal hilft es einfach mehr, sich den Frust von der Seele zu schreien, als immer eisern Haltung zu bewahren. Nur bitte Kinder nicht niederbrüllen und niedermachen!

Erwachsene können letztlich darauf vertrauen, dass Kinder, die aus der Reihe tanzen, von sich aus bald wieder das Bedürfnis haben, sich einigermaßen friedlich in die Gemeinschaft einzufügen – es sei denn, die Eltern machen einen Riesenzirkus um ihr Ausrasten und bringen sie mit ihrem Schimpfen und Strafen völlig aus dem Lot.

Nicht den kleinen Bruder verdreschen, sondern stellvertretend das Kissen verhauen und dem Kleinen seinen Frieden lassen, nicht die Freundin wütend angehen, sondern statt dessen die Bettdecke verprügeln und später erst mit der Freundin vernünftig reden – wie entspannend für alle, wenn es gelingt, die aggressiven Impulse durch weniger zerstörerische Aggressionen zu kompensieren oder besser noch die eigenen Energien in Aktivität umzumünzen und auf verträgliche Art auszuleben. Dann fällt allen ein Stein vom Herzen: Noch einmal gut gegangen, der Frieden ist gerettet. Auf den folgenden Seiten viele Anregungen dazu:

Aktiv sein: Die Wut beim Spielen in der Sonne vergessen

Beim Spielen in der Sonne bitte immer auf ausreichend Sonnenschutz achten!

Wenn Kinder an die frische Luft gehen, in der Sonne herumtoben und neue Kräfte tanken, wird der alte Ärger bald ganz unwichtig.

Die Sonne einfangen

In der Sonne tanzen. Sonnenstrahlen mit einem Taschenspiegel einfangen und die Sonnenflecken mittanzen lassen.

Mit Sonne und Schatten spielen

Bei Sonnenschein draußen eine Stelle suchen, wo rechts noch die Sonne scheint und links schon der Schatten beginnt. An dieser Kante zehnmal hin- und herspringen: von der Sonne in den Schatten, vom Schatten wieder in die Sonne.

Schattenfänger

In der Sonne spielen und dabei den eigenen Schatten beobachten. Immer neue Verrenkungen machen und zuschauen, wie sich
das Schattenbild laufend verändert.
Eine Variation des Spiels: Zu zweit oder dritt Fangen spielen.
Gewinner ist, wer zuerst auf den Schatten eines Mitspielers
springt.

Von Kopf bis Fuß reisen

In der Sonne liegen. Alle Viere von sich strecken. Alle Glieder
locker lassen. Die Augen schließen. Dann in Gedanken den ganzen Körper in einem kleinen Ruderboot umranden. Erst vom
Kopf bis zu den Füßen reisen, dann wieder zurück.

Sonnenträumer

Rücklings im Gras liegen, entspannen und sich die Sonne auf den Bauch scheinen lassen. Dabei mit allen Sinnen die Umgebung wahrnehmen:

➤ Was sehe ich?
➤ Was höre ich?
➤ Was rieche ich?
➤ Was fühle ich?

Aktiv sein: Den Stress beim Spielen im Regen wegwaschen

Auch bei schlechtem Wetter kann man wieder zu guter Laune finden!

Durch Regen stapfen, mit Wasser spritzen – gegen den Frust das tun, was sonst nicht unbedingt erlaubt ist, dabei die aufgestauten Kräfte abarbeiten und so die gute Laune wieder finden. Manchmal helfen schon kleinere Ablenkungen gegen größeren Ärger und Kummer.

Mit Pfützenwasser spritzen

In Gummistiefeln und mit geschlossenen Füßen in eine tiefe, große Pfütze springen – selbst wenn dabei ein paar Dreckspritzer fliegen. Dann kreuz und quer durch das Wasser stapfen, in der Pfütze tanzen und dabei ordentlich spritzen.

Steinchen werfen

Möglichst viele kleine Steine sammeln und aus sicherer Entfernung nacheinander mit viel Schwung in eine tiefe Pfütze werfen. Wer bringt die höchsten und weitesten und dicksten Spritzer zustande?

Wasserspringer

Einen langen Anlauf nehmen und mit viel Schwung über eine breite Pfütze springen.

Kreise ziehen

Auf einem pfützenreichen Weg von einer Pfütze zur anderen laufen und jede Pfütze umrunden.

Draußen im Regen herumtoben – gerade weil das nicht zum Normalprogramm zählt – macht Spaß, vielleicht so viel, dass der Ärger bald verraucht

Mit Regenschirm tanzen

Einen Regenschirm aufspannen. Unter dem Schirm verschwinden und dann durch den Regen tanzen: zehn Schritte vorwärts, zehn Schritte rückwärts, dann zwei Schritte zur rechten Seite und zwei zur linken. Dann mit dem Tanz von vorne beginnen.
Oder den Regenschirm umdrehen, dann durch strömenden Regen tanzen und den Regen in der »Schirmschale« auffangen. Die Schale hin- und herschaukeln lassen (am besten zu zweit festhalten).

Regentänzer

Mit einem umgestülpten Kunststoffeimer im Regen tanzen – im Rhythmus der Regentropfen, die auf den Eimer trommeln.

Regenfänger

Durch den Regen rennen und mit ausgestreckter Zunge versuchen, lauter Regentropfen aufzufangen.

Regensinger

Mit breit gegrätschten Beinen und zur Seite ausgestreckten Armen im strömenden Regen stehen, sich von Kopf bis Fuß nass regnen lassen und dabei laut und mit aller Kraft singen, bis keine Wut, kein Ärger, kein Stress mehr im Bauch sind.

Wuttiere wegzaubern

Mit blauen, grauen, schwarzen Wasserfarben und einem dicken Pinsel eine gruselige Phantasiegestalt, ein großes, dickes, beängs-

Erste Hilfe bei Aggressionen

Mit Hilfe spannender Geschichten, mit Malspielen, mit gemeinsamen Aktionen, mit Bewegungsspielen können Kinder lernen, ihre Gefühle, etwa ihre Ängste, wahrzunehmen und erste, vorläufige Strategien zu entwickeln im Umgang mit Frust, Ärger und Wut. In der Regel sind Kinder mit Freude dabei, wenn Eltern ihnen Spiele vorschlagen und mitmachen. Aber ebenso gerne entwickeln sie bisweilen ihre eigenen Spiele und überlegen: Was kann ich tun, um ein Ventil zu finden für meinen Ärger?

➤ Ihn aufschreiben?

➤ Durchs Zimmer wirbeln und laut singen, um mir Luft zu machen?

➤ Das Fenster öffnen und meine Wut laut in die Winterluft hinausschreien?

tigendes, düsteres Wuttier auf einen hellen, alten Stofflappen malen.

Dann den Lappen mit dem Gruselwesen draußen in strömenden Regen legen und vom Fenster aus zuschauen, wie das Wasser das Wuttier langsam auflöst und die Farben wegschwemmt.

Eine Variante für Kinder, die schon schreiben können:

Den Grund für das Ärgernis mit Tinte auf ein großes Blatt Papier schreiben. Das Papier mit Wäscheklammern an einer Wäscheleine oder am Ast eines Busches befestigen und dann zuschauen, wie der Regen die ganze Geschichte langsam auflöst.

Wenn Kinder unter Strom stehen, versuchen, Ruhe zu bewahren, nicht in das Wutgeschrei einstimmen, sondern auf Abhilfe sinnen: Zum Beispiel nach draußen gehen, auch bei großer Kälte oder miesem Wetter

Wenn der Ärger unter einer dicken weißen Schneeschicht vergraben ist, geht es dem kleinen Wüterich wieder besser

Aktiv sein: Den Ärger beim Spielen im Schnee verbuddeln

Schnee ist weich, Schnee gibt nach, Schnee ist gut geeignet, Wut und Ärger aufzufangen.

Durch tiefen Schnee stapfen

Ein Erwachsener stapft schnell und kraftvoll vorweg durch tiefen Schnee, ein Kind versucht, in seine Fußstapfen zu treten und so zu folgen.

Schneespuren legen

Eine lange Spur im unberührten Schnee anlegen. Einen Fuß vor den anderen setzen. In vielen Kurven gehen. Scharfe Ecken einbauen und spitze Winkel. Wenn hoher Schnee liegt: Erst langsam durch den Schnee stapfen, dann schneller und schneller gehen. Wer kommt so durch den Schnee, ohne hinzufallen?

Im Schnee verschwinden

Ein Spiel für zwei. Der eine Mitspieler überhäuft den anderen, der im Schnee liegt, mit Bergen von Schnee, bis er unter der weißen Last fast verschwunden ist.

Schneemänner zaubern

Wenn es draußen mächtig schneit, wild durch den Schnee tanzen, bis alle Tänzer ganz und gar mit Schnee bedeckt sind.

Schneehöhlen graben

In Schneeberge, die beim Schneeschaufeln am Straßenrand entstehen, mit Händen und Schaufeln tiefe Schneegruben oder Schneehöhlen graben.

Schneeadler spielen

Rücklings im tiefen, weichen Schnee liegen, die Arme zur Seite ausbreiten. Diese anschließend kraftvoll auf und nieder bewegen, bis sich im Schnee zwei große Flügel abzeichnen. Dann vorsichtig wieder aufstehen.

Mit Schnee einseifen

Ein Spiel für zwei. Der eine verfolgt den anderen durch den Schnee. Holt er ihn ein, darf er ihn festhalten und gründlich mit Schnee einseifen (aber bitte nicht zu grob!).

Schneebälle – ein sehr brauchbares Wutspielzeug

Schneeballschlacht beginnen

Ein Spiel für zwei oder mehr. Die Mitspieler bewerfen sich mit Schneebällen. (Die Bälle nicht zu hart und nicht zu fest formen. Und bitte nicht zu hart werfen.)

Durch Schneewolken wandern

Zu zweit spielen. Der eine bahnt sich mit ausgebreiteten Armen schnell und kraftvoll einen Weg durch hüfttiefen oder knietiefen Schnee, versucht dabei viel Schnee aufzuwirbeln – so viel, dass sein Nachfolger durch die weiße Wolke stapfen muss.

Schneeschipper

Um die Wette Schnee schippen. Wer schaufelt in der kürzesten Zeit die längste Strecke frei?

Tiefschneespringer

Beim Schneeschaufeln hohe Schneeberge anhäufen. Dann aus einiger Entfernung Anlauf nehmen und mit aller Kraft in hohem Bogen in die Schneeberge springen.

Schnee auf-
wirbeln.
Schneekönig
oder Schnee-
königin spielen

Schneerutscher

Auf einer Plastiktüte im Schnee einen möglichst langen und möglichst steilen Hang hinabrutschen.

Schneemonster vertreiben

Aus Schnee ein riesiges, liegendes Monster bauen, das einem Krokodil ähnelt. Den Schnee festklopfen. Mit den Fingerspitzen verschiedene Muster, Rillen, Zickzacklinien in den Schnee ritzen. Später das Monster vertreiben: Anlauf nehmen und in den Schnee springen.

Bunte Schneespuren legen

Eine Wasserpistole mit knallroter Wasserfarbe füllen und rote Spuren in den weißen Schnee spritzen. Danach die Pistole mit giftgrüner Wasserfarbe füllen und grüne Spuren zu den roten spritzen. Danach noch blaue und gelbe Spuren hinzufügen. Aus den Farbspuren ein abstraktes Schneebild zusammensetzen.
Eine Variation des Spiels – geeignet für zwei Mitspieler: Der eine legt sich mit ausgestreckten Armen und Beinen rücklings in den Schnee, der andere zeichnet die Umrisse des Körpers mit einem dicken roten Farbpinsel nach.

Schneelöcher buddeln

Ein möglichst tiefes Loch in hohen Schnee buddeln. In Stichworten auf einen Zettel den Grund für alles Ungemach schreiben. Den Zettel anschließend zusammenfalten, in das Loch legen und dann mit Schnee zuschütten. Die Wut und der Ärger sind jetzt unter dem Schnee begraben.

Entspannungsspiele anregen, Kinder an die frische Luft scheuchen – ein erprobtes Mittel, mit dessen Hilfe Eltern die Hochspannung mildern, unter der ihr Kind steht. Spiele sind keine Lösung des Problems, aber ein Trick, der kurzfristig wirkt

Aktiv sein: Die frostige Stimmung beim Spielen vom Eis befreien

Frische Luft tut Kindern immer gut – auch bei großer Kälte und erst recht, wenn die Stimmung reichlich frostig ist. Meistens geht es ihnen um einiges besser, wenn sie sich draußen richtig ausgetobt haben – allein oder zusammen mit anderen. Dabei kühlen sich die aufgeregten Gemüter bald ab.

Eisknacker

Einen weiten Anlauf nehmen. Dann mit geschlossenen Füßen kraftvoll auf eine zugefrorene Pfütze springen, so dass das Eis erst mächtig knackt und kracht und dann in viele kleine Stücke zerspringt. Die Eisstücke mit den Füßen zermalmen, bis sie ganz zerbröseln.

Eiswürfel zerdeppern

Eis hacken, Eis knacken – und dabei alle überschüssigen Kräfte lassen

Eiswürfel aus dem Tiefkühlfach holen. Die Würfel unter heißem Wasser aus dem Behälter lösen und mit nach draußen nehmen. Sie auf einer festen Unterlage mit einem kleinen Hämmerchen bearbeiten, bis sie in kleine Stücke zerbersten.

Eisregen

Eine Eisplatte möglichst hoch in die Luft werfen und zuschauen, wie sie in viele kleine Teile zerspringt, wenn sie auf dem Boden aufschlägt. Sich dabei in Gedanken vorstellen, dass mit dem Eis das in tausend Stücke zerspringt, was so wütend macht. Oder die Eisplatte durch Eiswürfel aus dem Tiefkühlfach ersetzen.

Eiskrümel zermalmen

Einen Weg mit Eisstückchen – zum Beispiel mit Eiswürfeln aus einem Tiefkühlfach – pflastern. Dann mit festem Schuhwerk über das Eis laufen. Die Eisstücke mit aller Kraft zertreten und mit den Schuhen zermalmen.

Eiszapfen ernten

Mit einem langen Besen Eiszapfen von der Dachrinne eines tiefen Daches abrasieren – zum Beispiel von einem Schuppendach. (Vorsicht, dass die Zapfen niemandem auf den Kopf fallen.) Dann die Zapfen in tausend Eisstückchen zerhacken. Oder die Zapfen hoch in die Luft werfen und auf den Boden knallen lassen.

Schlidderbahn anlegen

Aus einer großen zugefrorenen Pfütze eine Schlidderbahn machen. Aus großer Entfernung mit viel Schwung Anlauf nehmen, bis zum Beginn der Eisfläche rennen, dann über das Eis schliddern. Mit anderen um die Wette schliddern. Wer rutscht am weitesten?

Eisrutschen

Auf Eis eine freie Fläche fegen. Die Eisfläche kräftig mit einem Lappen polieren. Dann möglichst viele Eiswürfel aus dem Tiefkühlfach gleichzeitig oder nacheinander über das Eis flutschen lassen.
Wenn mehrere Spieler mitmachen: Welcher Würfel schliddert am weitesten? Welcher Würfel kommt einem vorher festgelegten Zielpunkt am nächsten?

73

Eis mit festem Schuhwerk zermalmen. Das laute Knirschen hört sich wunderbar an

Aktiv sein: Die schlechte Laune beim Spielen im Wasser ertränken

Während das Kind im Planschbecken den Frust abstrampelt und neue Kräfte tankt, ergeben sich häufig ganz von selbst klärende Gespräche

Sommerliche Wasserspiele im Garten begeistern jedes Kind. Dass dem kleinen Wüterich zuvor eine Laus über die Leber gelaufen ist, ist meistens schnell vergessen.

Die Gießkannendusche

Eine Gießkanne mit lauwarmem Wasser füllen und dann statt der Blumen Kinder begießen, die erst draußen über eine Wiese toben und dann ein Momentchen still halten müssen. Unter einer solchen Dusche beruhigt sich ein Wüterich in der Regel recht schnell.
(Spielvariante: Die Gießkanne durch einen Gartenschlauch ersetzen, dann kann eine wilde Jagd daraus werden.)

Eine Spritztour machen

Wenn es draußen warm ist: Kinder, die sich in den Haaren liegen, erst mit Wasser aus dem Gartenschlauch abspritzen. Dann sich um die eigene Achse drehen – mit Schlauch – und die Streithähne über den Wasserstrahl hüpfen lassen. Sich erst langsam im Kreis drehen, dann immer schneller, bis die Kinder ihr Gezänk vergessen haben.

Wasserballons zertreten

Viele Luftballons mit Wasser füllen und auf einem Rasen verteilen. Dann zu zweit oder dritt um die Wette zu den Ballons rennen und sie mit Wucht und viel Kraft zertreten.

Wenn zwei
Streithähne
ihren Kampf
beendet haben,
kehrt wieder
Ruhe ein.
Friedlich wird
jetzt wieder
miteinander
gespielt – so
als könnten sie
kein Wässer-
chen trüben

Eine Variation des Spiels für ältere Kinder: Luftballons mit Wasser füllen, verknoten, dann von einem Balkon aus auf einen steinigen Weg knallen und zuschauen, ob und wie sie platzen.

Kreidemonster vertreiben

Mit Kreide auf einen Bretterzaun oder auf ein dunkles Garagentor ein wildes Monster mit Zottelmähne, mit großem Maul und spitzen langen Zähnen zeichnen. Dann das Monster mit einem scharfen Wasserstrahl aus dem Gartenschlauch einfach wegspritzen.

Blubberblasen fabrizieren

Einen umgestülpten Topf in einem mit Wasser gefüllten Planschbecken versenken. Den Topf vorsichtig lüpfen, so dass Luftblasen im Wasser aufsteigen.

Das schönste
aller Sommer-
spiele: Mit
Wasser plan-
schen. Dabei
kann jeder sei-
ne überschüssi-
gen Kräfte los
werden

DER KLEINE WÜTERICH

Wasserfloh spielen

Anlauf nehmen und dann in ein mit Wasser gefülltes Planschbecken hüpfen. Wer macht dabei die meisten Spritzer? Danach im
Becken im Kreis herum marschieren, mit den Füßen spritzen.

Wasserkreise ziehen

Mitten im Planschbecken sitzen und mit ausgestreckten Armen wie
mit großen Schaufelrädern durchs Wasser pflügen. Kreise ziehen.

Wasser schöpfen

Bei warmem Wetter draußen zu zweit oder dritt mit zwei Zahn-
putzbechern Wasser aus einem großen Topf um die Wette schöp-
fen, bis das Gefäß leer ist. Das Wasser jeweils nach hinten in ein
Blumenbeet kippen. Die Becher mitzählen. Wer schöpft am
schnellsten das Wasser aus dem Topf?

Wasserbälle schlagen

Zu zweit in einem großen runden Planschbecken gegenübersit-
zen und mit der flachen Hand einen Pingpongball durch das
Wasser schlagen – von einem Spieler zum anderen.

Wasserspuren legen

Eine Wasserpistole mit Wasser füllen. Dann Wasserspuren in fei-
nen, festgeklopften, trockenen Zuckersand spritzen. Oder Wasserspuren auf einen großen Bogen Papier spritzen. Oder einen
Mitspieler langsam von Kopf bis Fuß abspritzen.

Die Wut verrühren

Eine Plastikschüssel mit Wasser füllen und in die leere Badewanne stellen. Dann das Kind in die Wanne setzen. Ihm einen Holzlöffel in die Hand geben, mit dem es kräftig in der Schüssel rühren kann – immer im Kreis herum, erst rechts, dann links herum. Dabei kann es die ganze Wut in Gedanken in den Topf geben und verrühren.

Aktiv sein: Den Ärger beim Spielen im Sand vergraben

Im Sandkasten matschen und patschen – eine wunderbare Möglichkeit für aufgeladene Kinder, sich zu entspannen. Hier können sie ihre Energien gut rauslassen und sich beim Spielen richtig abreagieren. Weil Matschereien aber schnell ausarten, sollten Eltern dabei ein Auge auf den Nachwuchs haben.

Bitte nicht aus dem Sandwerfen ein Spiel machen – niemand bekommt gerne Sand in die Augen

Sandhüpfer spielen

Einen hohen, breiten Wall aus Sand aufhäufeln. Dann vom Sandkastenrand aus mit Karacho erst in die Luft springen und dann in den Sandhaufen. Wenn mehrere mitspielen: Wer kann am höchsten springen?

Sand klopfen

Einen Sandberg aufhäufeln. Dann zu zweit oder dritt den Sandberg mit beiden Händen und viel Schwung schnell und mit aller Kraft festklopfen. Einer gibt den Rhythmus vor, ändert den Klopfrhythmus dann während des Spiels häufiger. Die anderen folgen ihm.

Eine Variation des Spiels: Vorher einen »Schatz« im Sand vergraben, später, auf der Schatzsuche, den Sandberg wieder zerstören.

Im Sand wühlen

Eine Landschaft aus Sand bauen – ganz schön anstrengend. Das macht nicht nur Spaß, sondern kostet dazu Kraft. Solch ein intensives Spiel lenkt von dummen Gedanken ab

Zu zweit oder zu dritt um die Wette möglichst tiefe Löcher in Sand graben. Wer gräbt in der kürzesten Zeit das tiefste Loch? Aus dem aufgewühlten Sand dann eine riesige Burg bauen. Den Sand mit kleinen Schaufeln festklopfen.

Sandkuchen backen

Viele Sandkuchen auf dem Sandkastenrand aufreihen, dann mit der flachen Hand und viel Schwung einen Kuchen nach dem anderen zerstören. Das Spiel kann so oft wiederholt werden, bis die Wut verraucht ist.

Sandkastentunnel bauen

Zu zweit einen hohen, langen Wall aus viel Sand aufhäufeln. Den Sand erst festklopfen, den Wall dann in einen Tunnel verwandeln: eine Tunnelröhre graben. Der eine beginnt mit beiden Händen am rechten Ende zu graben, der andere am linken. Wo treffen sich die Hände?

Den Sandsack verkloppen

Einen Sack aus festem Stoff mit Sand füllen und zuziehen. Den Sandsack aufhängen – zum Beispiel von einem Balkongeländer nach unten baumeln lassen – und als Punchingball benutzen. Oder ihn auf den Rasen legen und für Boxkämpfe freigeben. Oder ihn als »Reitpferd« benutzen.

Ungeheuerjagd

In festgeklopften Sand mit einem Stöckchen ein fettes Ungeheuer – das Wutmonster – ritzen. Dann aus einiger Entfernung Anlauf nehmen, erst hoch in die Luft und dann auf das Ungeheuer springen.
Eine Variation des Spiels: Mit Hilfe eines langen Seils die Umrisse eines Ungeheuers auf den Boden legen und dann dem Ungetüm auf den Bauch springen.

Sandige Wühl- und Tiefbauarbeiten – Spiele, die übermütige Kämpfer von ihrem Unmut ablenken können, denn sie kosten einige Energie

In Matsche rühren

Mit Klecker-
matsche spie-
len – ein Ver-
gnügen für alle
Kinder. Dabei
kann man sich
richtig ausar-
beiten, alle
überschüssigen
Kräfte in den
Sand hauen

Ein tiefes Loch in den Sand graben. In das Loch Wasser und ein Fuder Sand schütten. Die Matsche dann mit einem stabilen, kurzen Stock umrühren oder mit einem alten Kochlöffel.

In Matsche patschen

Aus Sand und Matsche einen Brei rühren. Den Brei im Sandkasten ausschütten. Dann mit beiden Händen gleichzeitig in die Matsche patschen – erst langsam, dann immer schneller, auf dass viele Matschspritzer fliegen. In der Matsche dann mit allen zehn Fingern »Klavier« spielen. Oder mitten in der Matsche sitzen und mit Händen und Füßen darin spielen.

Matschmonster jagen

Bei schönstem Wetter draußen in Badeklamotten zu zweit oder dritt Matschmonster spielen. Erst beide Hände in Matsche tunken. Das eine Matschmonster versucht das andere Matschmonster mit seinen Matschehänden zu berühren. Gelingt es, den Mitspieler zu fangen, darf man ihn einseifen. Hinterher spritzen sich beide Matschmonster gegenseitig mit einem Gartenschlauch ab.

Matschkugeln werfen

Eine Gießkanne mit Wasser füllen. Das Wasser aus der Kanne in Sand kippen. Aus dem feuchten Sand handgroße Kugeln formen. Mitten im Sandkasten stehen und die Kugeln aus möglichst großer Höhe in den Sand plumpsen lassen oder aus einiger Entfernung mit Karacho in den Sand donnern.

Matschebäume pflanzen

Sehr feuchten Sand in die linke Hand nehmen, dann in die rechte. Die Hände zu Fäusten schließen. Dann die Matsche mit aller Kraft aus den Fäusten drücken. Ein Matschhäufchen auf das andere setzen und so nach und nach »Tannenbäume« fertigen.

Kleckermatsche – besonders beliebt bei Kindern und besonders geeignet für schnell aufbrausende Gemüter. Beim Patschen und Matschen gibt sich der Übermut

Aktiv sein: Den Frust mit glitschigen Spielen einfach wegschmieren

Wenn's ordentlich glibberig und glitschig ist, leben Kinder richtig auf. In Farbe patschen macht einfach gute Laune.

Hautbilder

Ein sinnliches Vergnügen, das von allem Grant und Ärger ablenken kann: Farbe oder Creme auf der Haut verschmieren

Ein Sommerspiel für zwei oder drei Kandidaten: Draußen mit Fingerfarben und Wasser spielen. Erst den eigenen Bauch mit bunten Fingerfarben bemalen. Dann sich gegenseitig bemalen: Die Rücken der Mitspieler mit Farbe bekleckern.
Zum Schluss in einem Planschbecken Platz nehmen und die Farbspuren wieder abwaschen oder mit einem Gartenschlauch abspritzen.

Rutschpartie

Ein weiteres Sommerspiel: Im Garten ein Stück Folie ausbreiten. Auf die Folie ein paar dicke Schlieren Fingerfarbe geben und etwas Wasser. Dann ein kleines Kind animieren, nackt und auf allen Vieren in dem Farbsee zu spielen: Wasser und Farbe zu vermischen, die Farbe zu verdünnen und auf der Plastikunterlage zu verschmieren.

Der weiße Bär

Ein kleines Kind in die Badewanne setzen (ohne Wasser) oder im Sommer auf ein großes Handtuch, ausgebreitet auf einer Wiese. Ihm eine große Dose mit Creme in die Hand drücken. Die Creme dick im Gesicht, auf Armen und Bauch, Beinen und Füßen verteilen – das Spiel macht jedem Kind Vergnügen.

Backenklatsche

Ein Spiel für zwei. Erst färbt der Jüngere seine beiden Hände außen und innen dick mit Fingerfarben ein, danach der ältere. Danach darf zuerst der Jüngere das Gesicht seines Mitspielers streicheln, darf ihm vorsichtig die Wangen tätscheln, ihn mit Farbe beklatschen und schließlich einreiben. Dann werden die Rollen getauscht.

Aktiv sein: Im Wald spielen und die Wut hinter sich lassen

In einen Wald oder Park gehen, die Wut hinausschreien, den angesammelten Frust beim Spielen auslassen oder zwischen den Bäumen herumtoben und dabei Kräfte lassen.

Um die Wette schreien

Zu zweit oder zu dritt immer im Kreis um einen Baum laufen – schnell und schneller laufen, ein- oder mehrmals, und dabei aus vollem Halse schreien, so laut schreien, wie jeder kann. Erst rechts herum, dann links herum laufen. Später versuchen, einen Mitspieler zu fangen.

Die Bäume begrüßen

Im Wald oder Park so schnell wie möglich von einem Baum zum anderen rennen, jeden Baum kurz berühren und ihn lautstark begrüßen: »Guten Tag, wie geht es dir?« Ein Mitspieler zählt die Runden und stoppt mit: Wie viele Bäume wurden in einer Minute begrüßt?

Im Wald können sich kleine Wüstlinge austoben, denn hier gibt es viel Platz, kaum jemanden, der sich gestört fühlen könnte, und keine Verbotsschilder

DER KLEINE WÜTERICH

Mit Laub rascheln – so kräftig wie möglich. Dabei das Laub mit den Füßen hoch in die Luft wirbeln. Ganz schön anstrengend. Dabei bleibt nicht viel Kraft für andere Gedanken

Im Laub rascheln

Ein Herbstspiel: Quer durch den Wald stapfen, mit den Füßen über den Boden schlurfen und dabei so laut wie möglich mit Laub rascheln.
Eine Variation des Spiels: Einen riesigen Laubberg aufhäufen, dann Anlauf nehmen, ins Laub springen und das Laublager zerwühlen.

Blätter regnen lassen

Mit beiden Händen möglichst viel Laub aufwirbeln und dann versuchen, aufgewirbelte Blätter aufzufangen, solange sie noch in der Luft kreisen. Wer fängt am meisten Blätter?
Eine Variation des Spiels: Statt der Blätter Papierschnipsel in die Luft werfen und die Schnipsel dann um die Wette mit anderen auflesen.

Blätter zerreißen

Blätter, die am Boden liegen, einsammeln und zerreißen. Zu zweit spielen. Die Zeit stoppen. Wer sammelt und zerreißt in einer Minute am meisten Blätter? Oder: Entzweigerissene Blätter auf einem Tuch ausbreiten. Wer setzt sie wieder zusammen?

Am Ast schaukeln

Dieses Spiel ist nur für ältere Kinder: Ein Kind an einen dicken, festen, nicht zu hohen Ast hängen, hin- und herschaukeln und schließlich vom Baum springen lassen, wenn der Ast nicht zu hoch hängt. (Bei kleinen Kindern sind solche Sprünge gefährlich, weil ihre Knochen noch zu weich sind.)

Auf einen Baum steigen

Ein Kind unter den Achseln gut festhalten. Es dann mit beiden Füßen an einem Baumstamm hochlaufen lassen. Wer kann rückwärts wieder hinunter laufen?

An einen Baum fesseln

Ein Spiel für zwei. Der eine Mitspieler bindet den anderen mit einem langen Seil nicht zu fest an einen Baumstamm. Gelingt es dem Gefesselten, sich aus eigener Kraft zu befreien?

Baumwurzelsucher

Zwischen Baumwurzeln einen Schokoladenriegel verstecken. Dann ein Kind auf der Suche nach dem Riegel von Baum zu Baum schicken. Es mit einem lauten »Kalt« stoppen, wenn es sich zu weit von dem Versteck entfernt und mit einem »Warm« ermutigen, wenn es sich in die richtige Richtung bewegt.

Büffel jagen

Zwischen Baumstümpfen spielen. In den Baumstümpfen Büffel sehen. Die Büffel mit im Wald gesammelten Stöcken »antreiben«: Mit voller Wucht auf die Baumstümpfe hauen.

Elefantenherde

In der Gruppe draußen im Wald Elefantenherde spielen. Hintereinander durch den Dschungel trampeln wie dicke, große, starke Elefanten. Beim Laufen fest aufstampfen – mit aller Kraft.

85

Baumtrappler spielen – dabei ist erlaubt, »die Wände hochzugehen«. Mami oder Papi halten einen dabei gut fest. Dieses Spiel gibt Halt und Sicherheit

Pferderennen

In der Gruppe spielen. Alle verwandeln sich in Pferde, die um die Wette über Stock und Stein durch den Wald galoppieren.

Transatlantikflug

Flugzeug spielen. Die Arme ausbreiten, zur Seite strecken und dann losfliegen: Zwischen den Bäumen durch den Wald rennen, nicht anecken und möglichst viele Kurven »fliegen«.

Aktiv sein: Beim Ballspielen die Wut einfach wegschleudern

Bälle sind wunderbare Wurfschleudern. Wenn sie in hohem Bogen durch die Luft fliegen, fliegen die negativen Gefühle gleich mit, die einem Kind zu schaffen machen

Einen Ball in die Luft werfen, mit dem Fuß wegschießen – beim Ballspielen können sich Kinder herrlich abreagieren, denn ein Ball ist unempfindlich. Ihm tut es nicht weh, wenn man auf ihn eindrischt oder ihn wütend gegen eine Wand klatscht.

Wolkenwerfer

Einen Ball so hoch wie möglich in die Luft werfen – bis zu den Wolken. Beobachten, wo er wieder landet. Versuchen, ihn zu fangen.

Hauswandkicker

Einen Ball mit dem Fuß gegen eine Hauswand kicken. Mit jedem kraftvollen Schuss ein Stück von der Wut gegen die Wand knallen, bis nichts mehr von dem Ärger übrig bleibt. (Eine Wand ohne Fenster aussuchen.)

Ballschleuder

Einen Tennisball in die Spitze eines alten Kniestrumpfes stecken. Den Strumpf mit dem Ball in einer Hand halten, dann im Kreis schleudern und loslassen: Mit der Schleuder fliegt auch die Wut auf und davon.

Fußball spielen – nicht nur ein Jungenspiel. Auch Mädchen haben ihren Spaß daran. Bei Wett- und Man- schaftsspielen können Kinder ihre Kräfte auf positive Weise messen

Viele Kinder spielen heute kaum noch draußen, sondern hocken lieber stundenlang zu Hause vor dem Fernseher, dabei täte ihnen Bewegung so gut. Nicht nur auf dem Fußballplatz kann man Ball spielen, sondern auch vor Garagen, im Park, auf einer Spielstraße oder im Garten

Fußballjagd

Ein Spiel für zwei. Der eine läuft vorweg und schießt dabei einen Ball vor sich her. Der andere läuft hinterher und versucht, dem Fußballer seinen Ball abzujagen.

Enten einfangen

Ein Spiel für zwei. Draußen mitten auf einer Rasenfläche spielen. Zuerst zehn weiße und gelbe Pingpongbälle – lauter »Enten« – gleichzeitig möglichst hoch in die Luft werfen und die Bälle dann, wenn sie auf dem Boden gelandet sind, um die Wette einsammeln. Gewinner ist, wer am meisten »Enten« fängt.
Statt der Pingpongbälle kann man auch Tennisbälle werfen oder einfach nur Papierschnipsel.

Ballhüpfer

Zu viert spielen. Fünf Bälle unterschiedlicher Größe auf eine Decke legen. Größe der Decke: etwa zwei Meter mal ein Meter. Die Decke aufnehmen und jeweils an einem Zipfel halten. Erst langsam, dann schneller vorwärts hüpfen, die Decke dabei auf und ab bewegen, so dass die Bälle in die Luft springen und dann wieder auf der Decke landen.
Statt der Decke kann man auch durchsichtige Plastikfolie nehmen, statt der Bälle farbige Luftballons.

Jonglieren

Bei diesem Spiel muss man sich konzentrieren: Zwei Pingpongbälle auf ein Tablett legen, dann das Tablett im Gehen so hin- und herkippeln, dass sich die Bälle mitten auf dem Tablett treffen.

Bälle wegfegen

Mit einem Besen einen Tennisball über einen Weg »fegen« – erst in möglichst gerader Linie laufen, dann viele Kurven einbauen. Am Ende des Weges umkehren und versuchen, das Tempo auf dem Rückweg noch zu steigern. Beim Spiel zu zweit: Mit zwei Besen und zwei Bällen zu einem Wettstreit auf einem Hof oder einer Spielstraße antreten.

Mit einem Ball tanzen

Mit einem Ball nach Musik tanzen. Den Ball im Rhythmus der Musik auf den Boden tippen.

Ball boxen

Einen großen Wasserball prall aufblasen. Dann zu zweit damit spielen. Der eine hält den Ball fest, der andere boxt auf den Ball ein, verhaut ihn gründlich oder tritt ihn kräftig.
Eine Variation für kleinere Kinder: Das Kind auf den Ball legen, seine Füße festhalten und es mit Ball hin- und herrollen. Die Arme frei halten.

Dosenwerfen

Eine Wand aus Dosen aufbauen. Dann aus einiger Entfernung einen Tennisball auf die Dosenwand werfen. Jeder Treffer wird mit lautem Scheppern belohnt.

Wenn die Dosen laut auf den Boden knallen, fliegen die eigenen negativen Gefühle und Gedanken gleich mit. Lärm tut gut, wenn man eine Menge Wut im Bauch hat

Wutbild abballern

Auf ein großes Stück Pappe in bunten Farben und mit einem dicken Pinsel ein wildes Wutbild malen – eine üble Fratze zum Beispiel oder ein grässliches Ungeheuer. Das Bild gegen die Hauswand lehnen (bitte nicht in Fensternähe). Dann aus einiger Entfernung mit Tennisbällen darauf werfen.

Knüll- und Knallbälle

Lautes Knallen – Musik in den Ohren eines Wüterichs. Dabei zerplatzt der Frust, der im Inneren nagt, gleich mit

Viele Bogen Zeitungspapier in einem Affentempo zusammenraffen und viele kleine Bälle daraus knüllen. Die Bälle mit aller Wucht gegen eine Zimmerwand werfen. Einmal, zweimal – immer wieder werfen, aufsammeln und erneut werfen. Werfen, bis die Kraft nachlässt.
Für Knallbälle Papiertüten aufblasen, zubinden, auf den Boden legen. Dann auf die Tüten springen, so dass sie zerplatzen.

Softballern

Mit einem Softball in der Wohnung Fußball spielen. Den Ball mit aller Kraft gegen eine Wand oder Tür kicken. Das Spiel ein paar Mal wiederholen.

Aktiv sein: Mit Luftballons spielen, bis aller Ärger zerplatzt

Luftballons sind beliebt, weil sie bunt und federleicht sind und außerdem herrlich laut platzen können. An Luftballons können kleine Kinder so richtig ihren Zorn auslassen, ohne Schaden zu nehmen.

Luftballons aufblasen

Die Puste beim Luftballonaufblasen lassen. Mehrere Ballons prall aufblasen und gut verknoten. Dann mit den Ballons spielen: Sie mit den Füßen anstoßen und wie eine Schafherde vor sich hertreiben.

Einen Ballon in der Luft halten, immer wieder anstoßen, damit er bloß oben bleibt – ein Konzentrationsspiel, das alle Aufmerksamkeit bindet und so von allen anderen Gedanken und Gefühlen ablenkt

Luftballons –
ein preisgün-
stiges Spiel-
zeug, das
Eltern immer
in der Tasche
haben können
und das Kinder
hoch schätzen,
weil die Bal-
lons bunt und
federleicht
sind und wun-
derbar laut,
manchmal ganz
überraschend,
zerplatzen und
knallen

Luftballons zertreten

Viele Luftballons prall aufblasen. Die Ballons auf einer Wiese verteilen. Große Abstände zwischen ihnen lassen. Jeweils zu zweit
um die Wette von einem Ballon zum anderen rennen und versuchen, die Ballons zu zertreten. Wer zerstört die meisten Ballons in
kürzester Zeit?

Luftballons jagen

Einen großen Luftballon mit einem festen Wasserstrahl aus
einem Gartenschlauch kreuz und quer über einen Rasen treiben.
Wer schafft es, ihn erst ein Stück vorwärts und dann rückwärts zu
jagen oder sogar im Kreis herum?

Luftballonquietsche

Einen großen Luftballon prall aufblasen und im Sitzen zwischen
die Knie nehmen. Dann mit feuchtem Finger über den Ballon
fahren. Möglichst unterschiedliche Quietschgeräusche mit dem
Finger machen: laute und leise.
Wenn mehrere Spieler mitmachen: Mit vielen Ballons spielen
und ein schrilles Quietschkonzert veranstalten.

Ballonreiter

Einen großen Luftballon prall aufblasen und verknoten. Sich
dann auf den Ballon setzen und auf ihm reiten, bis er zerplatzt.

Luftballons köpfen

Einen Luftballon aufblasen und verknoten. Den Ballon in die Luft werfen und dann versuchen, ihn in der Luft zu halten: Den Ballon köpfen oder mit den flachen Händen hochschlagen, mit einem Finger anstoßen oder mit den Knien oder Füßen.
Statt eines Luftballons kann man auch einen Wasser- oder Fußball nehmen.

Platzballon

Ein Spiel für zwei. Ein Dritter versteckt einen gut verknoteten, dicken Luftballon in der Wohnung. Dann machen sich die beiden Mitspieler um die Wette auf die Suche nach dem Ballon. Wer ihn zuerst findet, darf solange auf ihm herumtrampeln, bis er platzt.

Aktiv sein: In der Badewanne spielen, bis sich die Wogen glätten

In der Badewanne ist ein strampelndes Bündel von Kind oft gut untergebracht zum »Dampf ablassen«. Warmes Wasser beruhigt.

Badeschaumspiele

Ein Schaumbad einlassen. In der Badewanne kann das Kind mit dem Schaum spielen: Ihn in kleine Stücke zerfetzen. Oder mit beiden Händen gleichzeitig in den Schaum patschen. Oder den Schaum mit einem Kochlöffel verrühren. Oder aus Badeschaum kleine Bälle formen, die Bälle in die Luft werfen und wieder auffangen.

Sich im warmen Wasser aalen – das entspannt. Alle belastenden Gefühle lösen sich im Wasserdampf auf oder gehen beim Planschen unter

DER KLEINE WÜTERICH

Wasserspiele
sind immer
beliebt bei Kin-
dern, vor allem
wenn sie
gemütlich und
entspannt in
der Badewanne
sitzen können.
Aller Ärger löst
sich dann in
Wohlgefühl auf
und ist schnell
vergessen

Wasserstrampler

Im Badewasser sitzen, mit den Armen im Wasser paddeln und kräftig mit den Beinen strampeln. Spritzen – immer wieder und mit aller Kraft – ist ausnahmsweise erlaubt.

Mit Fingerfarben malen

Ein Spiel für zwei. Die beiden Spieler sitzen in der Wanne – ohne Wasser – und malen sich mit Fingerfarben wilde Farbmuster auf den Bauch. Anschließend die Farben abwaschen und abduschen.

Mit Strohhalmen blubbern

Einen dicken Strohhalm ins Badewasser halten. Mit aller Kraft durch den Halm ins Wasser pusten, bis große Blubberblasen aufsteigen. Wenn zwei mitspielen: Um die Wette blubbern. Wer macht die besten Geräusche, wer die dicksten Blasen?

Schwämme ausdrücken

Ein Spiel für zwei. Zwei Schwämme ins Badewasser legen, bis sie sich voll gesaugt haben. Wer schafft es, das ganze Wasser aus dem Schwamm zu drücken?

Schiffchen fahren

Sturm spielen. Kräftig Luft holen. Dann ein Boot – die Hälfte einer Walnussschale – mit aller Kraft von einem Ende der Bade-wanne zum anderen vor sich her pusten. (Die Nussschale kann man auch durch ein Schiffchen aus Zeitungspapier ersetzen.)

Jammerlappen

Aus einem Waschlappen einen Jammerlappen machen. Den Lappen mit Schwung ins Wasser patschen. Bei jedem Patscher extra laut schimpfen und jammern und damit allen Frust, der auf der Seele lastet, im Wasser ertränken.

Aktiv sein: Ein Feuer machen, so dass aller Ärger verraucht

Feuer fasziniert Kinder – erst recht, wenn sie hineinwerfen können, was ihnen auf der Seele brennt.

Weil Feuer nicht ungefährlich ist, Kinder mit Streichhölzern oder angezündeten Kerzen keinen Moment allein lassen

Um die Wette pusten

Möglichst viele Kerzen auf einen Tisch stellen und die Kerzen dann mit anderen um die Wette auspusten.

Den Ärger verbrennen

Den Grund für den Ärger auf einen Zettel schreiben. Dann den Zettel zusammenfalten und in einem Aschenbecher unter Aufsicht eines Erwachsenen verbrennen. Von dem Ärger bleibt nur ein Häufchen Asche übrig.

Lichtermeer

Ein Lichtermeer aus brennenden Teelichtern aufstellen, das Kind auf den Schoß nehmen und versuchen, mit ihm ins Gespräch zu kommen über das, was in ihm vorgeht.

Ins Licht träumen

Eine Kerze mitten auf den Tisch stellen, schweigend ins Kerzenlicht schauen, tief und gleichmäßig durchatmen. Das leise Flackern des Kerzenlichts, die warmen Farben, das Stillsitzen und Träumen – alles zusammen nimmt dem Ärger seine Schärfe und hilft dem Kind, sich wieder zu beruhigen.

Feuerchen machen

Ein Beruhigungsspiel: Feuer machen, in die Flammen schauen, dabei gibt sich der innere Aufruhr. Ruhe kehrt ein und Entspannung

Draußen Brennbares zusammentragen und dann ein richtiges Feuer entzünden – das ist leider nicht überall und immer, aber manchmal doch möglich. Feuer nimmt jedes Kind gefangen, regt

an und beruhigt gleichzeitig. In Gedanken kann man all das mit-
verbrennen, was auf der Seele lastet.

Apfelsinenmännchen

Eine Apfelsine aushöhlen. In die Schale ein Gesicht schnitzen: zwei
kugelrunde Augen, einen Schlitz als Nase und einen lachenden
Mund. In die Apfelsine ein brennendes Teelicht stellen. Dann das
Zimmer verdunkeln, zuschauen, wie das Männchen leuchtet, und
sich von dem freundlichen Lächeln anstecken lassen.

Aktiv sein: Geräusche machen und die Wut wegtrommeln

Wenn Ärger in der Luft liegt, verziehen sich viele Kinder in ihre
eigenen vier Wände, drehen die Musik auf und entspannen sich
wunderbar bei einem Lärmpegel, den viele Erwachsene für unerträglich halten würden. Oft reagieren sich Kinder ab, indem sie
selbst Musik machen oder wenigstens Geräusche.

Tröte

Mit aller Kraft in die Tülle einer Blechgießkanne blasen oder in
ein Stück vom Gartenschlauch und sich an den lauten Trompe-
tengeräuschen erfreuen.

Knopfrassel

Ein Spielzeug für Kleinere: In eine Blechdose viele Knöpfe geben. Die Dose mit Klebeband verschließen und schütteln.

Für strapazier-
te Elternohren
nicht unbe-
dingt das Wah-
re, aber für
frustrierte Kin-
der! Wenn sie
trommeln,
pfeifen und
lärmen, werden
sie ihre An-
spannung los

Laute Geräusche machen oder voll aufgedrehte Musik anhören – nicht unbedingt die Lieblingsbeschäftigung Erwachsener, die das Ganze eher als Höllenlärm bezeichnen würden, aber bei Kindern meist sehr gefragt

Knalltüte

Eine Papiertüte möglichst prall aufblasen und dann mit der flachen Hand so fest darauf schlagen, dass sie mit lautem Knall platzt.

Topftrommel

Einen Topf umstülpen, dann mit zwei Kochlöffeln und viel Kraft darauf trommeln.
Wenn zwei mitspielen: Auf zwei Töpfen trommeln und versuchen, den Rhythmus aufeinander abzustimmen.

Topfdeckel schlagen

Zwei Topfdeckel aneinander schlagen und ausprobieren: Klingen zwei kleine Deckel so wie zwei große?

Geländerratsche

Mit einem Kochlöffel an einem Treppengeländer entlang ratschen – erst langsam, dann schneller laufen. Die Geräusche variieren.

Reißratsche

Einen Bogen Papier ganz schnell von oben nach unten zerreißen. Wer macht das lauteste Reißgeräusch?
Statt Papier kann man auch einen alten Stofflappen in viele Streifen zerreißen. Dabei möglichst verschiedene Reißgeräusche machen – laute und leise. Oder aus einem Bogen Zeitungspapier eine lange Papierschlange reißen.

Schüttelgeräusche

In ein großes Sieb trockene Erbsen, Linsen, Reis oder kleine Steine schütten. Dann das Sieb hin- und herschütteln und sich an den Geräuschen erfreuen. Verschiedene Geräusche mit dem Schüttelsieb machen – laute und leise.
Wenn zwei mitmachen: Zwei Siebe benutzen und beide in einem ganz bestimmten, sich laufend ändernden Rhythmus schütteln.

Steinrassel

Kleine Steine in eine Schachtel legen. Die Schachtel verkleben, dann hin- und herschütteln und versuchen, möglichst laut zu rasseln.

Murmeltopf

Glasmurmeln in einen Topf legen. Den Topf hin- und herkippeln, so dass die Murmeln mitkullern und laute Geräusche machen.

Schneebesenmusik

Mit einem Schneebesen in einem leeren Topf schlagen und sich an den Geräuschen freuen, die dabei entstehen.

Käsereibemusik

Mit einem Löffel über eine Käsereibe ratschen – schnell, langsam, laut und leise.

Je mehr Kräfte Kinder beim Geräuschemachen lassen können, desto schneller verraucht aller Ärger

Klackertopf

Einen Topf bereitstellen und kleine Kieselsteine dazulegen. Dann einen Stein nach dem anderen in den Topf klackern lassen. Mit jedem Klackern einen lauten Stoßseufzer loslassen. Wenn alle Steine in den Topf geklackert und alle Stoßseufzer draußen sind, lässt der innere Druck langsam nach.

Aktiv sein: Durch die Wohnung toben und Dampf ablassen

Voraussetzung für Tobespiele in der Wohnung: geduldige und tolerante Nachbarn, die auch mal ein Auge zudrücken

Bewegung tut gut – erst recht, wenn ein Kind unter Hochdruck steht. Natürlich kann es am besten draußen beim Toben seine Kräfte lassen oder beim Turnen an den Spielplatzgeräten, aber auch bescheidenere Aktivitäten zu Hause bieten ein Ventil.

Tuchziehen

Zu zweit mit einem Halstuch spielen. Jeder hält einen Zipfel des Tuchs in einer Hand. Dann wird um die Wette an dem Tuch gezogen – einer zieht fest nach links, einer fest nach rechts.

Rumpelstilzchen-Tanz

Rumpelstilzchen / zornig Bengel,
Rumpelstilzchen / Hupfestängel,
Rumpelstilzchen / Schimpfezappel,
Rumpelstilzchen / Wutgetrappel.

Das »Rumpelstilzchen« packen, festhalten, hochheben und es einmal im Kreis durch die Lüfte wirbeln.

Hundespiel

Auf allen Vieren durch die Wohnung streifen und dabei laut bellen und jaulen wie ein Hund, dem hundeelend zumute ist.

Singen

Laut gegen die Wut ansingen. Kinderlieder singen oder Schlager. Beim Singen wird der Körper mit frischer Luft versorgt. Das tut Leib und Seele gut. Singen entspannt und macht gute Laune. Ob der Gesang richtig oder falsch klingt, ist nicht so wichtig.

Zaubertrick

Einen Zauberstab basteln: Auf einen Holzstab mit Filzstiften bunte Muster zeichnen: Punkte und Streifen, Karos und Dreiecke. Wenn sich ein Kind in ein Rumpelstilzchen verwandelt, den Zauberstab hervorholen, den Wüterich damit antippen, einen Zaubervers murmeln und darauf vertrauen, dass der Vers wirkt:

Hokuspokusfidibus, / dreimal frisches Apfelmus,
Kind staune, staune, staune: / Du hast gute Laune!

Wutteig

Beim Teigkneten kann ein Kind eine Menge überschüssiger Aggressionen loswerden. Das Rezept für den Wutteig:

1 Becher Mehl, 1 Becher Salz, 2 Esslöffel Öl, warmes Wasser

Die Zutaten mit einem Kochlöffel kräftig verrühren. So viel warmes Wasser dazu geben, dass ein fester, nicht zu klebriger Teig

In der Schule, über den Hausaufgaben, vorm Fernseher – kleine Kinder haben heute wenig Bewegung. Umso wichtiger, sie ab und zu auf Trab zu bringen. Bewegung tut nicht nur dem Körper, sondern auch der Seele gut

entsteht. Den Teig gründlich kneten, walken, auf den Tisch werfen, in die Luft werfen und wieder auffangen und dann kleine und große Kugeln oder Tiere daraus formen.

Luftreise

Ein Kind hoch in die Luft werfen und unter extralautem Gekreische wieder auffangen.

Karussellflieger

Ein Kind an den Händen festhalten, sich einmal um die eigene Achse drehen und es dabei durch die Lüfte sausen lassen. Oder es unter den Achseln halten oder an einem Fuß und einer Hand.

Durch die Lüfte sausen, die Luft anhalten – auch kleine Kinder genießen schon solche Spannungsmomente. Aller Ärger ist schnell vergessen

Wohnzimmerwalzer

Nach sanfter Musik zu zweit durchs Wohnzimmer gleiten und walzen. Oder nach wilder Musik springen. Oder selber singen und dazu tanzen – allein oder zu zweit.

Pantoffelrutsche

Ein Spiel für zwei. Zwei Pantoffeln von einer Ziellinie aus um die Wette über glatten Boden rutschen lassen. Welcher Pantoffel rutscht am weitesten?

Kissenschlacht

Gefürchtet bei Eltern, beliebt bei Kindern: Mit Kopfkissen aufeinander eindreschen – am liebsten, bis die Federn fliegen, aber
dagegen haben Eltern in der Regel einiges einzuwenden.

Deckenrempler

Ein Spiel für zwei. Jedem Mitspieler eine Bettdecke mit einem
Strick um die Taille binden. Dann treten die beiden Spieler
gegeneinander an. Der eine versucht den anderen über eine vorher festgelegte Linie zu puffen. Arme und Hände dürfen nicht
benutzt werden.

Beim Toben
können Kinder
ihre Frustratio-
nen und ihre
Wut herauslas-
sen. Und das
ist in jedem
Fall besser, als
sie hinunter-
zuschlucken

Kleine Kinder lassen sich gerne überumpeln, kreischen meist vor Vergnügen, wenn sie überrascht werden. Alles andere ist in solch einem Moment auf der Stelle vergessen

Rolldecke

Ein kleines Kind auf eine große Bettdecke legen und es darin einrollen. Die Rolle mit Kind über die Schulter legen, kreuz und quer durch die Wohnung tragen und irgendwo ablegen. Wenn das Kind versucht, sich zu befreien, die Rolle wieder aufnehmen und das Spiel von vorne beginnen.

Kuscheldecke

Mit Kind unter einer großen Bettdecke auf dem Sofa kuscheln – ganz ausnahmsweise.

Matratzenhupfer

Eine Matratze aus einem Bett auf den Boden legen und als Turnmatte benutzen: Auf die Matratze springen, von der Matratze herunter springen – wer schafft das wie oft, ohne zu pausieren? (Bei empfindlichen Nachbarn sind solche Spiele leider oft unbeliebt.)

Besenreiter

Ein kleines Kind stellt sich auf einen Besen, hält sich am Stiel fest und wird von einem Mitspieler in möglichst schnellem Tempo durchs Zimmer gefegt.

Schichtkäse

Lauter Bauklötze aufeinander türmen. Einen Turm aufschichten. Jede Schicht stellt ein anderes Ärgernis dar. Dann Anlauf nehmen und den Turm umrennen.

Wutklatsche

Mit einer Fliegenklatsche schwungvoll auf einen Tisch oder ein anderes Möbelstück patschen. Und mit jedem Patscher in Gedanken das zerdrücken, was auf der Seele lastet und so traurig oder wütend macht.

Trampeltiere

Ein Spiel für zwei: Trampeltiere spielen. So kräftig, so laut, so wild wie möglich (wenn sich keine Untermieter beschweren) mit beiden Füßen auf den Boden stampfen, schnell und immer schneller – die negativen Gefühle abstrampeln. Mit der Zeit verwandeln sich beide Trampeltiere in zwei friedliche Schmusekätzchen, die sich schließlich in den Armen liegen und zufrieden vor sich hin schnurren.

Nach Wien hin und zurück

Wenn die Wut groß ist, eine Radeltour nach Wien anregen – hin und zurück radeln. Und das heißt: Auf dem Rücken liegen und kräftig mit den Beinen Rad fahren. Alle überschüssigen Kräfte abstrampeln.
Das Spiel macht besonders viel Vergnügen, wenn ein Mitspieler ebenfalls emsig mitstrampelt.

Schmollwinkel

Eine Zimmerecke mit Kissen und Polstern auskleiden. In diesen Schmollwinkel können sich Kinder immer dann zurückziehen, wenn sie grantig oder traurig sind, um dort langsam ihr inneres Gleichgewicht wieder zu finden.

Nicht nur im Kasperletheater fühlt sich das Kasperle erleichtert, wenn es mit seiner Patsche erst durch die Luft fuchteln und dann zuschlagen kann – da, wo's niemandem weh tut

Tränentuch

Ein besonderes Taschentuch für besondere Gelegenheiten reservieren: Wenn Kindertränen kullern, nicht zum gewöhnlichen Papiertaschentuch greifen, sondern nach dem Extratuch.

Aktiv sein: Mit Stiften und Farben den Ärger ausdrücken

Wer voller Eifer malt und seine Aggressionen auf Papier austobt, braucht viel Platz und die Möglichkeit, übers Papier hinaus zu klecksen und zu spritzen

Bei der Beschäftigung mit Knete, Stiften und Farben können Kinder nicht nur ihre Aggressionen ausleben, sondern auch ausdrücken, wie ihnen zumute ist – oft besser als mit Worten.

Pustebilder

Verschiedene Wasserfarben stark verdünnt mit einem dicken Pinsel auf Zeichenpapier klecksen. Die Farben dann mit Hilfe eines Strohhalms über das Blatt pusten.

Klecksbilder

Wässrige Farben mit einem dicken Pinsel auf Papier klecksen. Das Papier dann in der Mitte falten, die Farben kräftig verreiben und das Blatt wieder auseinander falten.

Kippbilder

Verschiedene Wasserfarben in kleine Gläser füllen, dann auf einem großen Bogen Packpapier auskippen und beobachten, welchen Weg die Farben nehmen, ob sie sich mischen oder nicht.

Wutkönig und Gefolge

Mit dickem Pinsel und Wasserfarben auf einen großen Bogen Papier einen wütenden König malen, der ganz aus dem Häuschen ist. Oder ein wüstes Rumpelstilzchen. Oder einen Feuerdrachen – das malen, was einem zum Thema Wut einfällt.

Kritzekratzespuren

Ein Spiel für Mal- und Zeichenanfänger: Mit breiten, festen Stiften wild und wüst und mit aller Kraft auf einem Papier hin- und herkritzeln. Wer malt die kräftigsten Striche? Wer das dichteste Gewirr aus Strichen?
Oder mit bunten Farben, mit viel Wasser und dickem Pinsel kräftige Farbstriche und -flächen auf das Papier malen. Beim Malen den ganzen Frust aufs Papier klatschen und kleckern.

Kinder reagieren ihre Wut zwar am liebsten durchs Toben ab. Aber auch das Malen eignet sich bestens, um negative Gefühle zu verarbeiten. Deshalb viel Raum lassen beim Malen und Zeichnen

Was Bilder verraten

Kinderbilder geben direkten Aufschluss über die Stimmung eines Kindes. Worauf Mütter und Väter achten sollten, wenn sie sich die Malereien ihres Sprösslings daraufhin näher anschauen möchten:

➤ Welche Farben bevorzugt das Kind?
  Leuchtende, bunte Farben oder eher düstere, matte?
➤ Wie viele Farben benutzt es?
  Beschränkt es sich auf ein, zwei Farben oder legt es mit vielen verschiedenen Farben richtig los?
➤ Was malt oder zeichnet es?

Eltern sollten allerdings nicht versuchen, ein Kinderbild in allen Einzelheiten zu deuten. Oft reicht schon ein Blick auf ein Bild und ein bisschen Einfühlungsvermögen, um einen ersten Eindruck zu gewinnen.

Mit einem breiten Pinsel voller Farbe kräftig über Papier fahren – ein Spiel, bei dem man alle Kräfte bündeln kann. Für anderes bleibt keine Energie mehr übrig

Fingerfarben-Chaos

Mit Fingerfarben auf einem großen Bogen Packpapier, der auf dem Boden ausgelegt ist – am besten in Bad oder Keller –, ein Farb- und Formenchaos veranstalten. Eine Variante des Spiels: Mit nackten Füßen durch die feuchte Farbe auf dem Papier laufen.

Karussell fahren

Mit einem dicken Stift auf Papier Karussell fahren: Immer im Kreise fahren und dabei runde Farbspuren hinterlassen.

Das Schnipselbild

Mit Stiften oder Pinsel und Farben den Grund für die Verstimmung auf Papier zeichnen oder malen. Das Bild zusammenfalten und dann in viele kleine Schnipsel zerreißen. Die Schnipsel im Klo wegspülen. Lässt sich damit auch der Ärger beseitigen?

Wandzeitung

Einen großen Bogen Packpapier an eine Wand pinnen. Das Papier in eine Wandzeitung verwandeln: Zu zweit oder auch allein mit dicken Stiften oder breitem Pinsel auf den Bogen malen und schreiben, was gerade in den Sinn kommt.

Tränenschiff

Auf dünnen Karton (Postkarte) ein kleines Segelschiff zeichnen. Das Schiff ausschneiden. Länge des Schiffs etwa sechs Zentimeter. Auf die Rückseite schreiben, was einen so wütend macht.
Einen Korken der Länge nach halbieren und in die flache Seite mit einem Messer einen Schlitz ritzen. Das Boot in den Korkenschlitz stecken.
Danach zu einem Bach oder Teich gehen, das Schiff zu Wasser lassen, ordentlich pusten, damit es sich in Bewegung setzt, davon segelt und den ganzen Kummer mitnimmt.

Mit Waffen spielen

Die meisten Jungen sind schießwütig. Bitte, bitte – unbedingt wollen sie ein Spielzeuggewehr besitzen oder eine Pistole, und wenn es nur eine Wasserpistole ist. Mädchen haben in der Regel kaum Interesse an Waffen aus Blech und Plastik. Was steckt dahinter?

Spielzeugwaffen – ein heißes Thema in vielen Familien. Sollen wir das zulassen oder nicht?

Ein angeborenes Interesse männlicher Wesen an der Macht, die von Waffen ausgeht – und seien es auch nur Spielzeugwaffen? Wer eine Waffe besitzt, hat Macht. Das sieht heute jedes Kind, wenn es vor dem Fernseher hockt. Kein Wunder, dass mancher Gernegroß hier einhakt und auch solch ein Ding haben will – wenigstens im Spiel. Denn damit kann er die coolen Typen nachahmen, die auf dem Bildschirm zu sehen sind, und sich dann genauso cool fühlen. Selbst Kinder, die selten vor dem Fernseher sitzen, bekommen bald mit, was es heißt, eine Waffe zu haben. Schießeisen haben einen ganz besonderen Reiz, das begreift jeder, der beobachtet, wie sich die geben, die so ein Ding in der Hand halten.

Wenn sie die Soldaten, die Polizisten aus dem Fernsehen nicht kennen, nehmen sie sich eben die Helden zum Vorbild, die auf dem Spielplatz mit ihren Pistolen und Gewehren herumballern. Spielzeugwaffen vermitteln kleinen Jungen das Gefühl, mächtig und großartig zu sein, unheimlich stark und überlegen. Und stark wollen alle kleinen Jungen sein – vor allem die, die mit vielen Ängsten kämpfen. Mit der Waffe in der Hand können sie ihre Macht demonstrieren und Gefühle wie Wut und Angst quasi spielerisch loswerden.

Vielen Eltern ist dieses Verlangen nach einer Waffe dennoch nicht geheuer. Muss das wirklich sein? Ihr erster Impuls: Nein, bloß nicht, keine Spielzeugpistolen und natürlich erst recht keine kleinen Panzer und Minikriegsschiffe im Kinderzimmer. Die meisten Mütter und Väter sind sich ihrer Sache da sicher. Aber irgendwann erlahmt ihr Widerstand meistens und dann wird doch eine Pistole für den Filius angeschafft.

Warum geben so viele Mütter und Väter den Wünschen ihrer Söhne nach, warum zählen die eigenen Prinzipien plötzlich nicht mehr?

Weil die Kinder Druck machen nach dem Motto:
➤ »Alle anderen im Kindergarten haben Wasserpistolen, nur ich nicht!«
➤ »Die Jungen lassen mich nicht mitspielen, weil ich keine Waffe habe!«

> Viele Eltern fühlen sich wohler, wenn sie ein eindeutiges Signal setzen: Spielzeugwaffen zu Hause zwar dulden, aber dennoch bei dem Grundsatz bleiben: »Ich kaufe keine Pistolen! Dazu musst du dein Taschengeld hernehmen.«

Wenn die erste Pistole dann gekauft ist, hören sich die meisten Eltern das dauernde »Pengpeng« mit sehr gemischten Gefühlen an: Genau das wollten sie nicht – schrecklich, diese ewige Knallerei. Zu einem friedfertigen Wesen wollten sie ihren Sohn erziehen und jetzt das: Mit stolzgeschwellter Brust jagt das Bürschchen hinter seinen Kollegen her, den Colt immer im Anschlag. Später trudelt er hochzufrieden wieder zu Hause ein, selbstbewusst und bester Laune.

Übrigens hat es wenig Zweck, einem Kind Spielzeugwaffen schlicht und einfach zu verbieten. Verbote machen erfinderisch, fachen das Interesse an Schießereien erst recht an. Und bislang ist es noch jedem Jungen gelungen, an ein Schießeisen zu kommen, wenn er es unbedingt besitzen wollte. Zur Not begnügt man sich eben mit der alten, schon ausrangierten Knarre eines Freundes oder kauft sich heimlich vom Taschengeld solch ein Ding. Und zur Not lässt sich auch ein Stück Holz beim Spielen in eine Pistole verwandeln. Die Kinder spielen mit Pistolen, vielleicht sogar Panzern und Soldaten, und verkörpern beim Spielen das, was Eltern nicht akzeptieren, wenn es auf der Mattscheibe im Wohnzimmer zu sehen ist.

Wie lässt sich dieser Zwiespalt lösen?

➤ Eltern sollten mit ihrem Filius eine klare Spielregel verabreden: Nicht auf Menschen zielen – auch nicht im Spiel. Und auch nicht auf Tiere. Selbst wenn ihr Sohn die Regel bisweilen außer Acht lässt, begreift er dennoch, warum sie verabredet wird.

➤ Sie sollten ihrem Kind ihre Vorbehalte gegen Waffen mitteilen, erklären, warum sie das Machtgehabe mit Gewehren schockiert und wie verheerend echte Waffen wirken können. Waffen sind tödlich. Einem Dreikäsehoch fällt es natürlich noch schwer zu begreifen, was das alles heißen soll. Aber selbst wenn kleine Kinder die Erklärungen im Detail noch nicht nachvollziehen können, nehmen sie doch die Ernsthaftigkeit wahr, mit der die Großen auf sie eingehen, und die erreicht sie. Solche Gespräche werden langfristig gesehen ihre Grundeinstellung prägen. Sie vermitteln Werte, an denen sie sich orientieren können.

Wenn er unbedingt eine Pistole zum Spielen besitzen will, gelingt es heute jedem kleinen Jungen, sich eine zu beschaffen. Also hat es wenig Zweck, Spielzeugwaffen grundsätzlich zu verbannen

Fazit: Auch wenn Kinder mit ihren Plastikpistolen herumballern, sind sie sich meist der Tatsache bewusst, dass Krieg und Kriminalität im wirklichen Leben etwas Schlimmes sind. Fachleute weisen darauf hin, dass Lieblosigkeit, Frustration und seelische Verwahrlosung Aggressionen eher wecken als die Beschäftigung mit Spielzeugpistolen.

Entspannen – wieder zur Ruhe kommen

Es ist nicht einfach für ein wütendes Kind, wieder zur Ruhe zu kommen. Manche stehen viel zu sehr unter Druck, sind zu angespannt und unruhig für Entspannungsspiele oder -übungen. Sie bleiben nicht bei der Sache, sondern springen gleich wieder auf und davon. Andere lassen sich durchaus auf Entspannungsspiele ein, wenn ihre Wut langsam verraucht. Stille kann ihnen helfen, ihre eigenen Empfindungen genauer wahrzunehmen, und kann die Entspannung fördern.

Ruhige Rituale – nicht nur entspannend für aufgeregte Kinder, sondern auch für genervte Eltern. Auf dem Rücken liegen, tief in den Bauch atmen und dabei alles andere vergessen

Stille

Still ist alles, was ich höre, / still ist alles, was ich tu,
still geht mein tiefer Atem.
Still ist alles, was ich höre, / still ist alles, was ich tu.

Rote Falter

Leise fliegen rote Falter, / flattern sachte hin und her.
Leise fliegen rote Falter, / flattern überm Blütenmeer.

Das Kind im Rhythmus der Verse sanft auf dem Schoß wiegen, streicheln und trösten. Oder die Verse vorlesen, die Augen schließen und sich Bilder vorstellen, die zu den Versen passen.

Gedankenflüge

Zu zweit auf eine Fantasiereise gehen. Nebeneinander rücklings auf dem Boden liegen. Die Augen schließen. Sich in der Fantasie in einen Adler verwandeln, der seine Flügel ausbreitet und über die Lande segelt. Was sieht der Adler unten auf der Erde?

In der Wüste

Eine Entspannungsübung für zwei. Still nebeneinander liegen, kein Wort reden. In Gedanken durch eine Wüste wandern. Über sandige Dünen steigen, durch verdorrte Gestrüpplandschaften reiten.

Dem Atem lauschen

Eine Entspannungsübung für zwei: Friedlich nebeneinander und rücklings auf dem Boden liegen – Kopf an Kopf. Alle viere von sich strecken. Alle Muskeln locker lassen. Sich nicht von der Stelle rühren. Tief, ruhig und gleichmäßig in den Bauch atmen. Den eigenen Atem belauschen und den Atem des Mitspielers.

Nicht enttäuscht sein, wenn ein Kind, das unter Strom steht und aufgeregt ist, nicht unbedingt mitspielen will. Manches Kind kann die Nähe anderer in solch einem Moment schlecht aushalten

Einfache Entspannungsübungen

➤ Den kleinen Wüterich auf den Schoß nehmen, die Arme um ihn legen, ihn sachte hin- und herwiegen wie zu Babyzeiten.

➤ Ihn hoch, auf den Arm nehmen, ihm Halt geben, liebevoll drücken und mit ihm umhergehen – immer im Wiegeschritt.

➤ Nebeneinander auf dem Boden liegen. Die Augen schließen. Tief einatmen und ausatmen – ruhig und gleichmäßig. Versuchen, beim Atmen den selben Rhythmus zu finden.

Ein Kind in heller Aufregung: Ablenkungsmanöver wirken

W enn Kinder ärgerlich, zornig, wütend sind, helfen oft kleine, spielerische Ablenkungsmanöver, um sie wieder zu besänftigen: Überraschungen, die plötzlich aus dem Ärmel gezaubert werden, oder Verse, Lieder, Spielereien, die das Kind von seiner Wut und Verzweiflung ablenken.

Mit Überraschungseffekten das Wutgebrüll beenden

Anstrengende Momente, wenn ein Kind richtig aufdreht, wie ein wüster Wirbelwind herumfetzt und sich einfach nicht beruhigen lassen will. Bewährte Ablenkungsmanöver bringen manchmal die ersehnte Beruhigung. Das System ist klar: Die Eltern tun so, als ob sie nicht merken, dass ihr Kind gleich ausflippen wird, oder sie übersehen einfach die Wut, die sich da unter ihren Augen zusammenballt.

Kleine Wesen lassen sich oft mit kleinen Spielen von ihrem Grant ablenken. Überraschungsmanövern können sie meist nicht widerstehen, da ist ihre Aufmerksamkeit sofort gefesselt

Vögel, die nicht singen

Vögel, die nicht singen, / Glocken, die nicht klingen,
Kinder die nicht lachen, / was sind denn das für Sachen?

Das Kind über eine Schulter legen, den Vogelvers aufsagen, dann mit ihm auf und davon tanzen.

Päckchen für Sie

Arme und Beine festhalten, gegen den Körper drücken und das Bündel von Kind kreuz und quer durch die Wohnung tragen, um das »Päckchen« schließlich auf ein Bett zu werfen.

Wirkungsvolle Ablenkungsmanöver ...

... lassen sich meist nicht einfach so aus dem Ärmel schütteln und sofort umsetzen. Es müssen die passenden, der Situation angemessenen sein. Deshalb:

➤ Nicht gleich losstürmen und das erstbeste Spiel aus der Spielkiste kramen, »damit das Gebrüll bloß schnell ein Ende hat«, sondern ein Momentchen innehalten, erst einmal tief Luft holen, sich auf das Kind konzentrieren und auf seine momentanen Bedürfnisse, um dann zu erkennen, was jetzt das Passende sein könnte. Das Kind sollte spüren, dass Mutter oder Vater wirklich da, das heißt, gedanklich anwesend sind.

Besser:

➤ Nicht irgendein Spiel oder Spielzeug anbieten, sondern eine Überraschung, eine Miniattraktion, denn alles andere hilft vielleicht im ersten Moment – aber gleich danach wird die Wirkung verpuffen und das Theater von neuem beginnen.

➤ Nicht mit Bestechung kommen. Zwar tun Bonbons manchmal durchaus ihre Wirkung, aber effektiver sind meist Spiele, die ein Kind fordern und damit von seinem Frust ablenken.

➤ Nicht schweigen, sondern reden. Die meisten Kinder lassen sich begeistert in Gespräche verwickeln oder durch Geschichten ablenken. Großartige Abenteuergeschichten müssen Eltern dafür nicht gleich aus dem Hut zaubern, auch kleinere Alltäglichkeiten lassen sich Kinder in der Regel gerne erzählen.

Reden ist wirklich oft Gold – aber nur in vernünftigem Maße. Kein Kind hört gerne endlose Monologe. Wird zu intensiv auf es eingeredet, schaltet es seine Ohren bald auf Durchzug

Cremetupfer

Einige Tupfer weiße Creme aufs Kindergesicht geben, die Tupfer dann vor dem Spiegel so verreiben, dass sich das Kinder- in ein Clownsgesicht verwandelt.

Auf der Insel Kukomai

Auf der Insel Kukomai / lebt die Susanne Dudeldei.
Sie muss schrecklich weinen / und jammern, schluchzen, greinen.
Sie weiß nicht warum / und schaut sich suchend um.
Sie findet eine Zwiebel. / Die Zwiebel ist das Übel.

Die Geschichte von Susanne Dudeldei mit den Händen oder Fingern nachspielen.

Flugreise

Schau die Welt von oben an, / schau, was sie dir bieten kann.
Berge, Wälder und die Seen, / die Welt ist wunderschön.

Das Kind mit gestreckten Armen wie ein Flugzeug über dem Kopf kreisen lassen.

Hopp, hopp, hopp

Hopp, hopp, hopp, / Pferdchen lauf Galopp
über Stock und über Steine, / aber brich dir nicht die Beine!
Hopp, hopp, hopp, hopp, hopp, / Pferdchen, lauf Galopp.

Das Kind auf den Schoß nehmen und beim »Reiten« kräftig durchrütteln.

Wenn Erwachsene Blödsinn machen, lassen sich Kinder meist von ihrem Frust ablenken, steigen ein und lachen bald mit

Hopp, hopp, hopp zu Pferde

Hopp, hopp, hopp zu Pferde, / wir reiten um die Erde.
Die Sonne reitet hinterdrein, / wie wird sie abends müde sein!
Hopp, hopp, hopp.

Das Kind auf den Schoß nehmen und mit ihm auf und davon traben.

Tränenspiel

Tränen schmecken wie Salzstangen,
Tränen schmecken wie Tautropfen,
Tränen schmecken wie Kribbelwasser,
Tränen schmecken wie Geleefrüchte.
Wie schmecken Tränen noch?

Das Karussell

Das Karussell, / das dreht sich schnell,
das dreht sich leise / immer im Kreise.

Mit dem Kind auf dem Arm durch das Zimmer tanzen: immer im Kreis herum.

Das Wiegespiel

Die Biene summt, / der Teddy brummt,
die Eule wacht, / das Kindchen lacht.

Das Kind in die Arme nehmen und sanft wiegen.

Wenn es alt-bewährte Verse und Lieder zu hören bekommt, vorgetragen von Mutter oder Vater, die sich nicht anstecken lassen von der schlechten Laune ihres Kindes, dann hellt sich die düstere Miene meist schnell auf

Der Strampelmann

Ich fass' ihn an, / so fest ich kann, / den Strampelmann.

Das Kind in die Arme nehmen und fest halten.

Grimassen schneiden

Die Augen verdrehen, die Zunge herausstrecken, die Nase krausen – beim Fratzenschneiden ist aller Ärger schnell vergessen.

Tränenkugeln

Schöne Glasmurmeln aufbewahren. Wenn es Kummer- oder Wuttränen gibt, dem Kind jeweils eine Glasmurmel schenken und gemeinsam mit ihm ein Säckchen aus dem Spielzeugregal holen, in dem es diese »Tränenkugeln« sammelt.

Tipp: Ablenkungsmanöver – nicht immer ein leichtes Spiel für Eltern

Ein Ablenkungsmanöver durchführen – bisweilen muss man dabei wahre Kunststücke vollbringen, denn bei diesem Spiel müssen immer zwei mitmachen:

➤ Zum einen ist da der, der ablenkt. Der schnell einen Trick aus der Tasche zaubern muss – natürlich möglichst unauffällig und so, dass das Kind nichts davon merkt. Denn wenn ein kleiner Wüterich merkt, dass seine Lieben dabei sind, ihn zu überlisten, ist der Ofen schon aus: Keine Chance mehr, den Trick anzuwenden.

➤ Zum anderen ist da der, der sich ablenken lässt. Selbst ein Dreikäsehoch hat oft schon einen Riecher dafür, wann getrickst wird. Wer diesen Durchblick hat, lässt sich nicht austricksen, sondern brüllt daraufhin meist besonders laut.

DER KLEINE WÜTERICH

Liebe und Zuwendung – die wirksamste Hilfe für kleine Wüteriche

Wenn ein Kind bei jeder Kleinigkeit, die schief läuft, ausflippt und andere mit seinen Wutattacken nervt, wenn jedes Verständnis der Eltern, sämtliche Versuche, gegenzusteuern, wenig Wirkung zeigen, verfallen die Erwachsenen leicht in Resignation: Warum gerät dieser Dreikäsehoch bloß so häufig in Wut? Hat das denn nie ein Ende? Warum kann das Kind nicht sanftmütiger sein? Hilfreicher als Pessimismus: Die Schwierigkeiten nicht als Dauerzustand betrachten, sondern als eine vorübergehende Phase begreifen und daran mitarbeiten, dass diese Phase bald vergeht. Das bedeutet: Viel Geduld aufbringen. Nicht nur kurzzeitig auf Abhilfe sinnen, sondern die eigenen Kräfte bündeln: Versuchen, das Familienklima zu verbessern, das Vertrauensverhältnis zu stärken, die Beziehung zum Kind zu intensivieren.

Die Liebe der Eltern – das beste Fundament fürs Leben

Die Grundlage einer guten Beziehung beruht auf der Achtung voreinander. Respektieren Eltern ihr Kind, haben sie eine gute

Eine gute Beziehung zwischen Eltern und Kind – das beste aller Heilmittel gegen übergroße Aggressionen

Beziehung zu ihm, dann ist Kritik, die sie manchmal anbringen müssen, zu verkraften – zum Beispiel Kritik,

➤ wenn der kleine Spatz seine Geschwister mit seinem Jähzorn verschreckt,

➤ wenn das Kind versucht, mit seinen Wutanfällen die ganze Familie zu erpressen, und seine Botschaft heißt: Wenn ihr nicht tut, was ich will, kreische ich weiter wie am Spieß!

Wie lernt ein Kind, seine Kräfte sinnvoll zu nutzen und seine destruktiven Empfindungen so zu steuern, dass sie nicht in Gewalt ausufern?

Wichtig: Die eigenen Gefühle schildern – nicht das Kind niedermachen! Auch ein gewisses Maß an Kontrolle ist für das Kind mitunter nötig und wirkt sich letztlich positiv auf seine Entwicklung aus.

Die Erfahrungen, die ein Kind während der ersten, prägenden Lebensjahre in seiner Familie macht, sind ausschlaggebend für später. Es bindet sich an die Personen – und das ist biologisch bedingt –, die es rund um die Uhr versorgen. Kümmern sich die Großen liebevoll, geduldig, einfühlsam um das kleine Wesen, hat es die Chance, sich zu einem vertrauensvollen, mitfühlenden, neugierigen Menschen zu entwickeln, der seine Fähigkeiten optimal entfalten kann. Deshalb sollten seine Eltern zuverlässig und berechenbar in ihren Reaktionen sein, sich durchschaubar, möglichst eindeutig verhalten und somit eine klare Struktur, eine stabile Ordnung ins Kinderleben bringen, damit sich das Kind in seiner Welt orientieren und Halt finden kann.

Die Beziehung zwischen Eltern und Kind muss stimmen

Eine tragfähige Grundlage für eine vertrauensvolle Beziehung wird geschaffen, wenn sich Mütter und Väter

➤ in ihr Kind einfühlen können und wollen,

➤ für sein Wohl engagieren,

➤ Zeit für ihren Nachwuchs nehmen,

➤ für die Entwicklung ihres Kindes interessieren.

Voraussetzung für ein gutes Verhältnis zwischen Eltern und Kind ist aber auch, dass der Sohn oder die Tochter nicht mit Liebe zugeschüttet wird. Das heißt: Eltern sollten nicht zu umsorgend oder gar besitzergreifend sein, sondern versuchen zu vermeiden, allzu bestimmend in das Leben ihres Sprösslings einzugreifen. Sollten ihm reichlich Spiel- und Freiraum gewähren, damit er ausreichende Erfahrungen sammeln, seine Fähigkeiten testen kann: »Wo darf ich mich frei bewegen, wie weit kann ich gehen, wo stoße ich an Grenzen?« Nur wenn sich ein Kind auf der sicheren Basis eines verständnisvollen Elternhauses frei entfalten kann, kann es wichtige Selbsterfahrungen sammeln: sein Denken und Fühlen entfalten, positive und negativen Gefühle ausloten. Auf diese Weise lernt es am besten, seine Empfindungen, seine Bedürfnisse und sein Verhalten zu steuern und die vorhandenen Energien zum Nutzen für sich selbst und andere einzusetzen.

Wenn Eltern liebevoll und einfühlsam auf die Bedürfnisse ihres Kindes eingehen, lernt es nicht nur, mit seinen eigenen Gefühlen umzugehen, sondern auch,
➤ Mitgefühl zu entwickeln,
➤ sich in die Belange anderer einzufühlen,
➤ seine eigenen Aggressionen zu zügeln, um anderen nicht weh zu tun.

Gelingt es Eltern, hinter die Fassade zu schauen und die wahren Gefühle ihres Kindes wahrzunehmen, dann verstärkt sich das Vertrauen zwischen Groß und Klein und damit die Grundlage für eine gute Beziehung. Unter solchen Voraussetzungen kann die Kritik, die Eltern manchmal anbringen müssen, wenn ihr Sprössling deutlich über die Stränge schlägt, vom Kind eher akzeptiert werden.
Ein Kind, das Einfühlungsvermögen und Mitgefühl entwickelt hat, kann sich in seine Mitmenschen hineinversetzen. Es weiß irgendwann, was anderen Ärger oder Kummer bereitet und was sie wütend macht. Weiß schließlich auch, wann sein eigenes Ver-

Wie wohltuend für Kinder, wenn Eltern es schaffen, ein Familienklima zu schaffen, in dem alle Beteiligten ihre wirklichen Gefühle frei zum Ausdruck bringen dürfen und sich entsprechend verstanden und damit geborgen fühlen können

Kinder dürfen ihre Energien nicht unterdrücken, brauchen ein Ventil für ihre Kraft – aber nicht auf Kosten anderer. Erleben sie zu Hause Rücksichtnahme und Toleranz, entwickeln sie Mitgefühl und wissen, wo ihre Grenzen sind

Mitgefühl ist uns Menschen von Natur aus mitgegeben

Ein Kind kann aber nur Mitgefühl entwickeln, wenn es von mitfühlenden Menschen umgeben ist, wenn es sich darauf verlassen kann,

➤ getröstet zu werden, wenn es Kummer hat,

➤ auf Verständnis zu stoßen, wenn es mit seinen Gefühlen nicht klar kommt,

➤ Hilfe zu erfahren, wenn es nicht weiter weiß.

Erlebt ein Kind zuverlässige, sensible Eltern, die mitempfinden und an seinem Leben Anteil nehmen, mit sicherem Gespür für seine Befindlichkeit, so fühlt es sich sicher und geborgen. Dieses Gefühl der Sicherheit bleibt ihm: Es hat festen Boden unter den Füßen. Auf diesem Fundament kann sich ein gutes Selbstwertgefühl entwickeln.

halten für andere zum Ärgernis wird, und bemüht sich zunehmend, sich rücksichtsvoller und einsichtiger zu verhalten. Es ist immer häufiger darauf aus, sich anderen zuliebe zu beherrschen und zurückzunehmen. Im Laufe seiner Entwicklung lernt es, dass nicht nur die eigenen Gefühle zählen, die ausgelebt werden müssen, sondern auch die der Mitmenschen.

Register

DER KLEINE WÜTERICH

Bildnachweis:
U. Niehoff 6, 9, 12, 18, 22, 27, 30, 36,
40, 45, 51, 59, 63, 65, 70, 75, 78, 87,
91, 96, 103, 107, 114, 120
PhotoDisc Inc. 14, 56, 80

Redaktion: Beatrix Heeg
Textbearbeitung: Annette Barth
Bildredaktion: Elisabeth Franz
Einbandgestaltung: Heinz Kraxenberger
Einbandfotos: Norbert Schäfer Archiv/
Bildarchiv Kraxenberger

© 2000 Mosaik Verlag München
in der Verlagsgruppe Bertelsmann GmbH / 5 4 3 2 1
Satz: Buch-Werkstatt GmbH, Bad Aibling
Druck: Alcione, Trento
Bindung: Ecoprint, Lavis-Trento
Printed in Italy
ISBN 3-576-11370-3